Bartosz Więckowski

Gott in möglichen Welten

PONTES

Philosophisch-theologische Brückenschläge

herausgegeben von

Klaus Müller

(Seminar für Philosophische Grundfragen der Theologie, Münster)

Band 2

LIT

Bartosz Więckowski

Gott in möglichen Welten

Eine Analyse des modalen ontologischen Arguments
für die Existenz Gottes von Alvin Plantinga

LIT

Die Deutsche Bibliothek – CIP-Einheitsaufnahme

Więckowski, Bartosz
Gott in möglichen Welten : Eine Analyse des modalen ontologischen Arguments
für die Existenz Gottes von Alvin Plantinga / Bartosz Więckowski. – Münster :
LIT, 1999
   (Pontes ; 2.)
   ISBN 3-8258-4412-9

NE: GT

© LIT VERLAG Münster – Hamburg – London
Grevener Str. 179   48159 Münster   Tel. 0251–23 50 91   Fax 0251–23 19 72

πιστεῦσαι γὰρ δεῖ τὸν προσερχόμενον τῷ θεῷ ὅτι ἔστιν

aus Hebr 11,6

für
Damaris

*

Inhalt

0 Vorwort

Im zehnten Kapitel seines Buches "The Nature of Necessity" hat Alvin Plantinga mit Hilfe der Modallogik und der Mögliche-Welten-Semantik ein modales ontologisches Argument für die Existenz Gottes (MOA) formuliert. Plantinga beansprucht für sein MOA, daß seine Prämissen wahr sind und daß seine Konklusion logisch gültig aus den Prämissen folgt. Wäre beides der Fall, dann hätte Alvin Plantinga mit seinem MOA ein stichhaltiges Argument für die Rationalität der theistischen Grundüberzeugung, daß Gott existiert, vorgetragen.

Die Frage nach der Existenz Gottes ist, wie ich annehmen möchte, für die meisten Glaubenden nicht ohne Bedeutung. Als Glaubende behaupten wir die heilsgeschichtliche Wirksamkeit Gottes, wir preisen Gott, klagen ihn an, wir sagen ihm Dank und richten unsere Bitten und Gebete an ihn. Bei all dem scheinen wir seine Existenz vorauszusetzen. Es wäre nämlich unvernünftig anzunehmen, daß etwas, das nicht existiert, wirksam sein könnte, ebenso wie es unvernünftig wäre, sich etwa preisend, klagend, dankend oder bittend an etwas zu richten, ohne der Auffassung zu sein, daß es existiert.

Für jene Glaubenden, die sich nicht mit der bloßen Behauptung der Existenz Gottes begnügen möchten, ist eine argumentative Begründung ihrer Auffassung, daß Gott existiert, von wesentlicher Bedeutung. Für die Rationalität eben dieser Auffassung argumentiert Plantinga mit seinem MOA.

Ich verfolge mit dieser Arbeit zu den philosophischen Grundfragen der Theologie ausschließlich das Ziel, mir über die Stichhaltigkeit von Plantingas MOA ein begründetes Urteil zu bilden. Den theistischen Realismus sowie den erkenntnistheoretischen Fundamentalismus, den das MOA nahelegt (den Plantinga, obwohl er sein Argument nach wie vor als stichhaltig betrachtet, jedoch nicht vertritt), werde ich ebensowenig diskutieren wie die Wirkungsgeschichte ontologischer Argumente oder die systematisch-theologischen Implikationen meiner Analyse.

Die Arbeit gliedert sich in drei Teile. Im ersten modallogischen Teil werde ich einen Überblick über die Modallogik geben. Dieser Überblick liefert den logischen Hintergrund für die folgenden Teile. Für die Analyse des MOA erfüllt er im wesentlichen zwei Funktionen. Der syntaktische Abschnitt zur modalen Aussagenlogik wird uns befähigen, die logische Gültigkeit des MOA zu überprüfen; die semantischen Abschnitte werden uns das formal-semantische Fundament für das Verständnis der modalen Metaphysik Plantingas bereitstellen.

Der zweite modalmetaphysische Teil baut auf den semantischen Abschnitten des ersten Teils auf. Er ist für unsere Analyse des MOA sehr wichtig, da er uns in die Lage versetzen wird, die ontologischen Annahmen der

Prämissen dieses Arguments umfassend zu verstehen und auf ihre Akzeptierbarkeit hin zu untersuchen.

Im umfangreichsten dritten Teil, der eigentlichen Analyse des MOA, kommen die logisch-metaphysischen Vorarbeiten der ersten beiden Teile zur Anwendung. Im Mittelpunkt dieses Teiles stehen die Überprüfung der Gültigkeit des MOA, die Analyse seiner Prämissen sowie die Beurteilung der Stichhaltigkeit dieses Arguments.

Ich danke Dr. Niko Strobach für seine kritische Begleitung dieser Arbeit. Von den Diskussionen mit ihm, von seinen Kommentaren früherer Fassungen und von seinen Anregungen habe ich sehr profitiert. Ich danke auch Ludger Jansen für seine hilfreiche Kritik einer früheren Version des dritten Teils. Prof. Klaus Müller danke ich für die Annahme dieses Themas, für seine Ermutigung zur einer eigenständigen Bearbeitung sowie für die Aufnahme dieser Arbeit in die "Pontes". Prof. Alvin Plantinga danke ich für ein klärendes Gespräch über einige Passagen aus "The Nature of Necessity". Sämtliche Interpretations- und Argumentationsfehler gehen natürlich zu meinen Lasten.

1 Modallogischer Teil

Die Modallogik ist die Logik der Notwendigkeit und Möglichkeit, der modalen Ausdrücke 'notwendig' und 'möglich'. Bei der Modallogik handelt es sich um eine Erweiterung der klassischen Logik. Anders als die klassische Logik beschäftigt sich die Modallogik nicht nur mit der Wahrheit und Falschheit in bezug darauf, wie die Dinge sind, sondern darüberhinaus auch mit der Wahrheit und Falschheit in bezug darauf, wie die Dinge hätten sein können. Üblicherweise betrachtet man in der Modallogik die Dinge, wie sie sind, als die wirkliche Welt und die Dinge, wie sie alternativ zur wirklichen Welt hätten sein können, als mögliche Welten. Eine Proposition[1] ist demnach in einer möglichen Welt notwendigerweise wahr, wenn sie in allen Welten wahr ist, die möglich sind relativ zu jener Welt. Möglicherweise wahr ist eine Proposition in einer Welt dann, wenn sie in mindestens einer Welt wahr ist, die möglich ist relativ zu jener Welt.[2]

In diesem Teil der Arbeit möchte ich einen Überblick über die Modallogik geben, in dem diese einleitende Charakterisierung der Modallogik erläutert wird.[3] In den ersten beiden Abschnitten werde ich die Syntax und die formale Semantik der modalen Aussagenlogik in Kürze darstellen, in den

---

[1] Bei Propositionen handelt es sich um Wahrheitswertträger. Jede Proposition ist entweder wahr oder falsch, sie kann aber nicht beides zugleich sein (vgl. HUGHES/CRESSWELL (1996) 4). Propositionen sind in der Philosophie der Logik sehr umstritten (vgl. dazu z.B. QUINE (1970) 1-14, HAACK (1978) 74-85 oder GRAYLING (1997) 12-32). Doch möchte ich an dieser Stelle auf die damit verbundenen Fragen z.B. nach der Individuierung von Propositionen, nach ihrem ontologischen Status oder auf die Synonymie-Problematik nicht ausführlicher eingehen und mich mit folgender Charakterisierung dieses Begriffes begnügen: Propositionen werden von Sätzen ausgedrückt; und zwei Sätze drücken dieselbe Proposition aus, wenn sie dieselbe Bedeutung haben (vgl. HAACK (1978) 76). Die Proposition, daß Sokrates stupsnasig ist, bzw. *Sokrates ist stupsnasig* (kursiv), kann z.B. durch den deutschen Satz 'Sokrates ist stupsnasig' oder durch den englischen Satz 'Sokrates is snubnosed' ausgedrückt werden. In 2.21 werde ich auf die Auffassung eingehen, die Plantinga bezüglich der Propositionen und ihrer Beziehung zu Sachverhalten vertritt.

[2] Vgl. HUGHES/CRESSWELL (1996) ix.

[3] Im folgenden Überblick richte ich mich in den syntaktischen Abschnitten nach HUGHES/CRESSWELL (1996) und in den semantischen nach der Semantik von KRIPKE (1971). Letztere bildet die Ausgangsbasis für Plantingas semantische Theorien. Vgl. dazu PLANTINGA (1974) 123-32 und PLANTINGA (1979b) 253-6. Die Symbolik von Kripke habe ich größtenteils der von Hughes und Cresswell angeglichen.

1

übrigen Abschnitten werde ich dasselbe für die modale Prädikatenlogik tun.[4] Ich werde mich dabei auf einen Umfang beschränken, der mir für das Verständnis der modalen Metaphysik Plantingas und seiner modalen Version des ontologischen Arguments (MOA) erforderlich zu sein scheint.

1.1 Modale Aussagenlogik

1.11 Die Syntax der modalen Aussagenlogik

Die *axiomatische Basis* eines modallogischen Systems setzt sich aus drei Komponenten zusammen: aus einer formalen Sprache, einer Menge von Axiomen und aus einer Menge von Transformationsregeln.[5]

Die *Sprache*, in der die Formeln eines Systems ausgedrückt werden, besteht aus einer Liste von Grundzeichen und aus einer Menge von Formregeln, die darüber bestimmen, welche Abfolge dieser Symbole als wohlgeformte Formel (wff) gelten darf. Für die modale Aussagenlogik stehen die folgenden Grundzeichen zur Verfügung: Die Propositionenvariablen p, q, r, ..., für Propositionen wie z.B. *Sokrates ist stupsnasig*, der Negator ~ für 'nicht', der Notwendigkeitsoperator L für 'notwendigerweise', das Alternationszeichen ∨ für 'oder' und schließlich die Klammern (,).[6] Die Formregeln der Sprache sind die folgenden:

FR1 Eine Propositionenvariable ist eine wff.

FR2 Wenn α eine wff ist, dann sind es auch ~α und Lα.

FR3 Wenn α und β wff sind, dann sind es auch (α ∨ β).[7]

Zu den Grundzeichen und den Bildungsregeln wollen wir zweckmäßigerweise noch die folgenden Definitionen für die Konjunktion ∧ 'und', für das Konditional ⊃ 'wenn ..., dann ...', sowie für das Bikonditional ≡ '... genau dann, wenn ...' und

---

[4] Zur Definition von Syntax und Semantik eines Systems vgl. z.B. HAACK (1978) 251: "Syntax is the study of formal relations between expressions; thus, the vocabulary, formation rules and axioms / rules of inference of a system are called the syntax of the system. Semantics is the study of relations between linguistic expressions and the non-linguistic objects to which they apply; thus the interpretation of a system is called the semantics of the system."

[5] Vgl. HUGHES/CRESSWELL (1996) 23.

[6] Vgl. HUGHES/CRESSWELL (1996) 16.

[7] Vgl. HUGHES/CRESSWELL (1996) 16.

den Möglichkeitsoperator M 'möglicherweise' (in dieser Reihenfolge) hinzunehmen:

[Def ∧] $(\alpha \wedge \beta) =_{def} \sim(\sim\alpha \vee \sim\beta)$
[Def ⊃] $(\alpha \supset \beta) =_{def} (\sim\alpha \vee \beta)$
[Def ≡] $(\alpha \equiv \beta) =_{def} ((\alpha \supset \beta) \wedge (\beta \supset \alpha))$
[Def M] $M\alpha =_{def} \sim L\sim\alpha.$[8]

Bei den Symbolen α und β, die in diesen Definitionen vorkommen, handelt es sich um metasprachliche Variablen, die für beliebige wff des betreffenden Systems stehen. Sie gehören nicht zum Inventar der Symbole des betreffenden Systems (in diesem Fall der modalen Aussagenlogik), sondern zum Inventar der Metasprache, in der über dieses Systems gesprochen wird.[9]

Kommen wir nun zu den *Axiomen*, die für die Systeme der Modallogik, die wir für unsere Zwecke benötigen, charakteristisch sind. Wir beschränken uns auf die Systeme M, B, S4 und S5.[10] Jedes dieser Systeme hat die wahrheitsfunktionalen Tautologien, d.h. alle gültigen wff der Aussagenlogik, die durch das folgende Axiomschema spezifiziert werden, als Axiome:[11]

PC   Wenn α eine gültige wff der Aussagenlogik ist, dann ist α ein Axiom.

Das schwächste dieser vier Systeme, das System M, das das System K enthält, hat die folgenden zwei Axiome:[12]

K $L(\alpha \supset \beta) \supset (L\alpha \supset L\beta)$
M $L\alpha \supset \alpha.$

---

[8]   Vgl. HUGHES/CRESSWELL (1996) 6. Es ist wichtig zu beachten, daß die Operatoren L (auch □) und M (auch ◊) anders als die übrigen Junktoren (der klassischen Logik), die hier aufgeführt worden sind, nicht wahrheitsfunktional sind, da der Wahrheitswert einer Proposition p für die Bestimmung des Wahrheitswertes von Lp nicht hinreichend ist (vgl. HUGHES/CRESSWELL (1996) 15). Das wird in 1.12 und in 1.22 deutlich werden.

[9]   Vgl. HUGHES/CRESSWELL (1996) 4.

[10]   Ich richte mich in der Auswahl nach KRIPKE (1971) 63.

[11]   Bei einem Axiom handelt es sich um eine spezifische wff, bei einem Axiomschema hingegen um eine Aussage (statement), derzufolge jede wff, die bestimmte Bedingungen erfüllt, ein Axiom ist. Vgl. HUGHES/CRESSWELL (1996) 49, Anm. 2.

[12]   Dabei bezieht sich im folgenden z.B. 'M' auf das modallogische System M und '**M**' auf das charakteristische Axiom dieses Systems.

3

Wenn man zu dem System M das Axiom:

B $\alpha \supset LM\alpha$

addiert, erhält man das stärkere System B. Das System B enthält das System M. Wenn ein System ein anderes System enthält, dann besagt das, daß letzteres das stärkere von beiden ist und daß alle Thesen (Axiome oder Theoreme) des schwächeren Systems Thesen des stärkeren sind, aber nicht umgekehrt. Alle Thesen von M sind somit Thesen von B.[13] Das System S4 erhält man, wenn man statt **B** das Axiom:

S4 $L\alpha \supset LL\alpha$

zu M hinzufügt. Addiert man zu M das Axiom:

S5 $M\alpha \supset LM\alpha,$

so erhält man das stärkste der vier Systeme, das System S5. S5 enthält M, B und S4. Dieses System spielt eine tragende Rolle für den Notwendigkeitsbegriff Plantingas und für sein MOA. In diesem und in den folgenden Kapiteln (insbesondere in 2.25 und 3.42) werde ich darauf eingehen.

Für die axiomatische Basis dieser Systeme werden noch *Transformationsregeln* benötigt. Sie erlauben die Durchführung verschiedener Operationen mit den Axiomen und den Theoremen (den wff, die mit ihrer Anwendung auf die Axiome gewonnen wurden). Es sind insgesamt drei Regeln: die Regel der uniformen Substitution (US), der Modus Ponens (MP) und die Notwendigkeitsregel (N):[14]

US   Das Ergebnis einer uniformen Ersetzung einer oder mehrerer Propositionenvariablen $p_1, \dots, p_n$ in einem Theorem durch eine wff $b_1, \dots, b_n$ ist seinerseits ein Theorem.

MP   Wenn α und $\alpha \supset \beta$ Theoreme sind, dann ist auch β ein Theorem.

N   Wenn α ein Theorem ist, dann ist auch $L\alpha$ ein Theorem.

Im Gegensatz zur Regel der uniformen Substitution und zum Modus Ponens ist die Notwendigkeitsregel eine spezifisch modallogische Regel.

---

[13]   Vgl. HUGHES/CRESSWELL (1996) 24.

[14]   Vgl. HUGHES/CRESSWELL (1996) 25.

Bevor wir zu der Semantik für die modale Aussagenlogik kommen, wollen wir uns ein Charakteristikum der Axiome vor Augen führen, die für die Systeme S4 und S5 kennzeichnend sind. In **S4** und **S5** tauchen *iterierte Modalitäten* auf.[15] Das sind aufeinanderfolgende Modaloperatoren derselben Art, z.B. *LL*α im Sukzedens von **S4**, oder beider Arten wie z.B. im Sukzedens von **S5** der Zweierstrang *LM*, der α vorgeschaltet ist. Die Stränge können beliebig lang sein z.B. *MMLML*α. Da iterierte Modalitäten im umgangssprachlichen Diskurs kaum vorkommen, bereiten sie unseren modalen Intuitionen verständlicherweise Schwierigkeiten. Das obige Beispiel lautet, umgangssprachlich wiedergegeben, wobei für α *Sokrates ist stupsnasig* stehe, in etwa 'es ist möglicherweise möglich, daß es notwendig ist, daß es möglich ist, daß es notwendigerweise wahr ist, daß Sokrates stupsnasig ist'. Es mag scheinen, als ob diese Schwierigkeiten, die die iterierten Modalitäten den Intuitionen bereiten, erst mit der Einführung von **S4** und **S5** entstanden seien. Doch gerade diese Axiome erlauben es, iterierte Modaloperatoren, die z.B. in dem schwachen System M produziert werden können, auf einen einzigen Modaloperator zurückzuführen, was in M nicht möglich ist.[16] In S5 lassen sich die folgenden vier Äquivalenztheoreme ableiten, wobei sich R3 und R4 auch in S4 ableiten lassen:

R1 $LM\alpha \equiv M\alpha$;
R2 $ML\alpha \equiv L\alpha$;
R3 $MM\alpha \equiv M\alpha$;
R4 $LL\alpha \equiv L\alpha$.

Bei diesen Äquivalenzformeln handelt es sich um *Reduktionsgesetze*.[17] Diese Reduktionsgesetze erlauben es, iterierte Modalitäten bis auf den letzten Modaloperator eines Stranges zu reduzieren, so daß die übrigen Modaloperatoren überflüssig werden. Dabei können die (schwachen) Reduktionsgesetze von S4 iterierte Modaloperatoren ausschließlich einer Art auf den letzten Operator reduzieren, mit den (starken) Reduktionsgesetzen von S5 hingegen können auch gemischte iterierte Modaloperatoren auf den letzten Operator zurückgeführt werden.[18] Diese Reduktionsgesetze beseitigen somit die Schwierigkeiten, die iterierten Modalitäten den Intuitionen bereiten, da wir nun nicht lange überlegen müssen, ob eine Proposition wie sie etwa durch das obige

[15] Vgl. HUGHES/CRESSWELL (1996) 51.

[16] Vgl. HÄGLER (1994) 73.

[17] Vgl. HUGHES/CRESSWELL (1996) 52.

[18] Vgl. LOUX (1979a) 17-8 und HUGHES/CRESSWELL (1996) 98-100.

Beispiel zum Ausdruck gebracht wird, wahr ist, denn *MMLMLp* läßt sich in S5 auf *Lp* reduzieren. (Und wenn *p* darin für *Sokrates ist stupsnasig* steht, dann wird *Lp* falsch, da Sokrates - wir wollen es einmal annehmen - auch hätte eine Kartoffelnase haben können.) Aber scheinen nicht diese Reduktionsgesetze, die sich alle in S5 ableiten lassen, den Intuitionen ihrerseits Schwierigkeiten zu bereiten? Sehen wir uns R2 an, das nach [Def $\equiv$] R2a impliziert:

R2a $ML\alpha \supset L\alpha$.

In S5, aber noch nicht in S4, läßt sich R2a mit Hilfe der folgenden (in eckigen Klammern stehenden) Transformationsschritten, in denen wir die Transformationsregeln auf die Thesen von S5 applizieren, ohne größeren Aufwand ableiten:[19]

(1) $M\alpha \supset LM\alpha$ [S5]
(2) $M{\sim}\alpha \supset LM{\sim}\alpha$ [${\sim}\alpha/\alpha$]
(3) ${\sim}L\alpha \supset {\sim}ML\alpha$ [(2) X LMI]
R2a $ML\alpha \supset L\alpha$ [Transp.] Q.E.D.

R2a besagt, daß eine Proposition, wenn sie möglicherweise notwendig ist, eine notwendige Wahrheit ist. Die Einführung des S5-Theorems R2a spielt in Plantingas MOA eine entscheidende Rolle. In einem System, das schwächer ist als S5, wird das MOA ungültig. In 2.25 und in 3.42 werde ich auf die Bedeutung von S5 für die Modalmetaphysik Plantingas und für das MOA ausführlicher eingehen.

1.12 Die Semantik der modalen Aussagenlogik

Nachdem wir die axiomatische Basis, die Syntax unserer Systeme der modalen Aussagenlogik, die deren Sprache, Transformationsregeln und Axiome zum Gegenstand hat, in Umrissen kennengelernt haben, wollen wir uns im folgenden der *formalen Semantik* der modalen Aussagenlogik zuwenden. Sie bildet für Plantingas angewandte Semantik, d.h. seine metaphysische Deutung der formalen Semantik, die Grundlage. Wir werden auf das Verhältnis der beiden

---

[19] Der Beweis stammt von mir. Bei LMI handelt es sich um die Regel des *L-M*-Austauschs: $Lp \equiv {\sim}M{\sim}p$. Vgl. HUGHES/CRESSWELL (1996) 33. Bei Transp. handelt es sich um das Gesetz der Transposition, das eine gültige PC-wff ist: $(p \supset q) \equiv ({\sim}q \supset {\sim}p)$. Vgl. PC 15 in HUGHES/CRESSWELL (1996) 13.

Semantiken am Beginn des zweiten Kapitels in 2.1 eingehen. Plantinga orientiert sich an Kripkes *Semantik möglicher Welten*[20]. Um eine formale Semantik für die Modallogik zu entwerfen, führt Kripke den Begriff der *Modellstruktur* ein.[21] Eine Modellstruktur ist ein geordnetes Tripel ⟨G, K, R⟩, wobei K eine Menge ist, G ein Element dieser Menge und R eine Relation, die über die Elemente von K definiert ist. Um sich diese rein mengentheoretische Konstruktion zu veranschaulichen, darf man sich nach Kripke K als die Menge aller möglichen Welten vorstellen, wobei W (bei Kripke H) für eine beliebige mögliche Welt steht und G für die wirkliche Welt.[22] Um die Relation R intuitiv faßbarer zu machen, nennt sie Kripke *relative Möglichkeit*.[23] W' ist möglich relativ zu einer Welt W, d.h. WRW', genau dann, wenn jede Proposition, die in W' wahr ist, in W möglich ist. Die Relation R ist reflexiv. Das heißt, daß jede Welt W relativ möglich zu sich selbst sein muß, da jede Aussage, die in W wahr ist, in W auch möglicherweise wahr sein muß. (Wir werden auf diese Reflexivitätsbedingung für R weiter unten zurückkommen.)

In den in 1.11 vorgestellten Systemen M, B, S4 und S5 hat R verschiedene Eigenschaften. Wenn R reflexiv ist, dann handelt es sich bei ⟨G, K, R⟩ um eine M-Modellstruktur. Ist R zusätzlich symmetrisch, dann haben wir eine B-Modellstruktur vor uns. Wenn R reflexiv und transitiv ist, ist ⟨G, K, R⟩ eine S4-Modellstruktur, und ist R sowohl reflexiv, symmetrisch als auch transitiv, also eine Äquivalenzrelation, dann handelt es sich bei ⟨G, K, R⟩ um eine S5-Modellstruktur.[24] Diese Eigenschften von R spielen für die Gültigkeit von wff in unseren Systemen eine wichtige Rolle. Auf die Gültigkeitsbedingungen unserer Systeme werden wir zurückkommen können, nachdem der Begriff des Modells eingeführt worden ist.

Ein *Modell* auf der Basis einer Modellstruktur ⟨G, K, R⟩ eines Systems ist eine zweistellige Funktion $\Phi(p, W)$, die jeder atomaren Formel p der Aussagenlogik in jeder Welt W aus K einen Wahrheitswert (1 für 'wahr' und 0 für 'falsch') zuordnet.[25] Dabei gilt:

[Φ p] Für jede Propositionenvariable p und jede Welt W $\in$ K, entweder $\Phi(p, W) = 1$ oder $\Phi(p, W) = 0$.

[20] Vgl. KRIPKE (1971) 63-70 und PLANTINGA (1974) 123-4.

[21] Vgl. KRIPKE (1971) 64.

[22] Vgl. KRIPKE (1971) 64.

[23] Vgl. KRIPKE (1971) 64.

[24] Vgl. KRIPKE (1971) 64.

[25] Vgl. KRIPKE (1971) 64.

Die Einführung des Modellbegriffs ermöglicht eine induktive Definition der Wahrheitswertzuordnung (Bewertung) an nicht-atomare - d.h. mit Junktoren zusammengesetzte - wff α, β, γ, ... Diese Zuordnung erfüllt die folgenden Bedingungen:[26]

[Φ ~]   Für jede wff α und jede Welt W $\in$ K, $\Phi(\sim\alpha, W) = 1$ genau dann, wenn $\Phi(\alpha, W) = 0$; sonst $\Phi(\alpha, W) = 0$.

[Φ $\wedge$]   Für jede wff α und β, und für jede Welt W $\in$ K, $\Phi((\alpha \wedge \beta), W) = 1$ genau dann, wenn sowohl $\Phi(\alpha, W) = 1$ als auch $\Phi(\beta, W) = 1$; sonst $\Phi((\alpha \wedge \beta), W) = 0$.

[Φ $\vee$]   Für jede wff α und β und jede Welt W $\in$ K, $\Phi((\alpha \vee \beta), W) = 1$, wenn entweder $\Phi(\alpha, W) = 1$ oder $\Phi(\beta, W) = 1$ oder beides; sonst $\Phi((\alpha \vee \beta), W) = 0$.

[Φ $\supset$]   Für jede wff α und β, und für jede Welt W $\in$ K, $\Phi((\alpha \supset \beta), W) = 1$, genau dann, wenn entweder $\Phi(\alpha, W) = 0$ oder $\Phi(\beta, W) = 1$; sonst $\Phi((\alpha \supset \beta), W) = 0$.

[Φ $\equiv$]   Für jede wff α und β, und für jede Welt W $\in$ K, $\Phi((\alpha \equiv \beta), W) = 1$, genau dann, wenn $\Phi(\alpha, W) = \Phi(\beta, W)$; sonst $\Phi((\alpha \equiv \beta), W) = 0$.

[Φ M]   Für jede wff α und für jede Welt W $\in$ K, $\Phi(M\alpha, W) = 1$, genau dann wenn für mindestens eine Welt W' $\in$ K derart, daß WRW', $\Phi(\alpha, W') = 1$; sonst $\Phi(M\alpha, W) = 0$.

[Φ L]   Für jede wff α und für jede Welt W $\in$ K, $\Phi(L\alpha, W) = 1$, genau dann, wenn für jede Welt W' $\in$ K, derart daß WRW' $\Phi(\alpha, W') = 1$; sonst $\Phi(L\alpha, W) = 0$.

Nun kann, nachdem die Bewertung der atomaren und der komplexen wff vorgenommen worden ist, die *Gültigkeit* einer wff der modalen Aussagenlogik *auf* der Modellstruktur eines Systems S definiert werden: eine wff α ist S-gültig genau dann, wenn $\Phi(\alpha, W) = 1$ für jedes Modell, das auf einer Modellstruktur $\langle$G, K, R$\rangle$ von S basiert.[27] Wir sind nun in der Lage, die Gültigkeitsbeweise für die Axiome unserer Systeme zu liefern. Dabei beschränken wir uns auf die Systeme M, S4 und S5.

M-Gültigkeit.[28] Für die Gültigkeit einer wff auf einer M-Modellstruktur $\langle$G, K, R$\rangle$ ist es von Bedeutung, daß R *reflexiv* ist. Wenn **M** $L\alpha \supset \alpha$ gültig sein

---

[26]   Vgl. KRIPKE (1971) 64 sowie HUGHES/CRESSWELL (1996) 38-9.

[27]   Vgl. HUGHES/CRESSWELL (1996) 39 für das System K.

[28]   Der Beweis stammt von mir. Vgl. dazu HUGHES/CRESSWELL (1996) 43.

8

soll, worin α eine atomare Formel p sei, muß **M** unter jeder Bewertung von α in allen W wahr werden. Wäre **M** nicht gültig auf jeder Modellstruktur, müßte es ein Modell $\Phi((L\alpha \supset \alpha),$ W) geben, nach welchem für mindestens eine W $\in$ K gemäß den Wahrheitsbedingungen für das Konditional [$\Phi \supset$] gelten würde, daß das Antezedens von **M** $L\alpha$ in W wahr ist, d.h. $\Phi(L\alpha,$ W) = 1, und das Sukzedens von **M** α in W falsch ist, d.h. $\Phi(\alpha,$ W) = 0. Wenn $L\alpha$ in W wahr sein soll, muß α nach den Wahrheitsbedingungen für den Notwendigkeitsoperator [ΦL] in allen W', die möglich sind relativ zu W, wahr sein. Die Falsifikation von **M** durch das Modell $\Phi((L\alpha \supset \alpha),$ W) ist nur dann konstruierbar, wenn W nicht relativ zu sich selbst möglich ist. Soll die Ungültigkeit von **M** vermieden werden, muß R *reflexiv* sein. **M** ist gültig auf jeder Modellstruktur $\langle$G, K, R$\rangle$, in welcher für jede Welt W $\in$ K, WRW gilt. Das wollen wir nun nach der *Reductio-Methode*[29] beweisen: Sei eine reflexive Modellstruktur $\langle$G, K, R$\rangle$ gegeben, in der für eine W $\in$ K $\Phi((L\alpha \supset \alpha),$ W) = 0, wobei α für eine atomare wff p stehe. Aufgrund von [$\Phi \supset$] muß dann das Antezedens von **M** wahr sein und das Sukzedens falsch. D.h. $\Phi(Lp,$ W) = 1 und $\Phi(p,$ W) = 0. Aus der Wahrheit des Antezedens folgt aufgrund von [ΦL], daß p in allen Welten W', die möglich sind relativ zu W, d.h. WRW', wahr sein muß, d.h. $\Phi(p,$ W') = 1. Aus der Falschheit des Sukzedens folgt, daß p in W falsch ist, d.h. $\Phi(p,$ W) = 0. Da R nun reflexiv ist, d.h. WRW, erhalten wir aufgrund der Falschheit von p in W, daß $\Phi(Lp,$ W) = 0, was im Widerspruch zum oben angenommenen Wahrheitswert des Antezedens von **M** steht. Der Reductio-Beweis zeigt, daß **M** auf jeder reflexiven Modellstruktur wahr ist. Reflexivität ist nach Kripke ein intuitives Erfordernis für die relative Möglichkeit R "the relation R should indeed be reflexive; every world H is possible relative to itself, since every proposition true in is, a fortiori, possible in H".[30]

Kommen wir zur *S4-Gültigkeit*.[31] Wenn das für das System S4 charakteristische Axiom **S4** $L\alpha \supset LL\alpha$ unter jeder Wahrheitswertzuordnung an

---

[29] Bei der Reductio-Methode handelt es sich um ein Entscheidungsverfahren zur Ermittlung der Gültigkeit einer wff. Die Methode besteht darin, eine Bewertung für die betreffende wff zu finden, die sie falsifiziert. Hat die wff, wie es bei den Axiomen, die im folgenden auf ihre Gültigkeit getestet werden sollen, der Fall ist, die Form $\alpha \supset \beta$, dann wird sie nach den Wahrheitsbedingungen, die für das Konditional gelten [$\Phi \supset$], falsch, wenn α wahr und β falsch wird. Bei der Reductio-Methode wird nun davon ausgegangen, daß es eine solche Bewertung für die wff gibt. Wird eine konsistente Bewertung aller Propositionenvariablen in der wff gefunden, dann ist diese wff ungültig, falls nicht, dann ist sie gültig. Vgl. HUGHES/CRESSWELL (1996) 11-3.

[30] KRIPKE (1971) 64.

[31] Vgl. HUGHES/CRESSWELL (1996) 56-7.

α in allen möglichen Welten wahr werden soll, reicht es nicht aus, daß R reflexiv ist, denn **S4** kann auf einer M-Modellstruktur $\langle G, K, R \rangle$ falsifiziert werden: K enthalte drei Welten W, W' und W", und R sei so bestimmt, daß jede dieser Welten möglich ist relativ zu sich selbst, W darüberhinaus möglich ist relativ zu W', und W' zu W", aber W nicht zu W". Sei α eine atomare Formel *p* der Aussagenlogik, die in W und W' wahr ist, in W" aber falsch. *Lp* wird dann in W, da W nur möglich ist relativ zu sich selbst sowie zu W", und da *p* in beiden Welten wahr ist, wahr, d.h. $\Phi(Lp, W) = 1$. W' aber ist möglich relativ zu W", einer Welt, in der *p* falsch ist. Das bedeutet aber, daß *Lp* in W' nicht wahr sein kann, d.h. $\Phi(Lp, W') = 0$. Da nun aber W möglich ist relativ zu W', ist **S4** in W falsch, $\Phi((Lp \supset LLp), W) = 0$. **S4** kann somit auf mindestens einer reflexiven Modellstruktur falsifiziert werden und ist deshalb kein Theorem von M. Eine Falsifikation von **S4** ist jedoch nicht möglich, wenn die Modellstruktur nicht nur *reflexiv*, sondern auch *transitiv* ist. Eine Modellstruktur ist transitiv, wenn R eine transitive Relation über K ist, d.h., wenn für drei Welten W, W' und W" in K gilt: Wenn WRW' und W'RW", dann auch WRW". Wir beweisen nach der Reductio-Methode, daß **S4** auf jeder reflexiven und transitiven Modellstruktur gültig ist. Sei eine reflexive und transitive Modellstruktur $\langle G, K, R \rangle$ gegeben, in der für eine $W \in K$ $\Phi((L\alpha \supset LL\alpha), W) = 0$. Für α stehe darin die atomare wff *p*. Dann muß aufgrund der Wahrheitsbedingungen für das Konditional [$\Phi \supset$], das Antezedens wahr und das Sukzedens falsch sein, also $\Phi(Lp, W) = 1$ und $\Phi(LLp, W) = 0$. Aus der Falschheit des Sukzedens folgt aufgrund der Wahrheitsbedingungen für den Notwendigkeitsoperator [ΦL], daß es eine Welt $W' \in K$ gibt, die möglich ist relativ zu W, d.h. WRW' und daß *Lp* in W' falsch ist, d.h. $\Phi(Lp, W') = 0$. Aus $\Phi(Lp, W') = 0$, d.h. der Falschheit von *Lp* in W' folgt aber, daß es eine Welt $W'' \in K$ gibt, die möglich ist relativ zu W', daß also W'RW" und daß *p* in W" falsch ist, d.h. $\Phi(p, W'') = 0$. Nun gilt, da R transitiv ist, WRW" und deshalb folgt aus dem Antezedens von **S4** *Lp*, daß *p* in W" wahr sein muß, d.h. $\Phi(p, W'') = 1$. Das aber widerspricht $\Phi(p, W'') = 0$. Es ist somit bewiesen, daß **S4** auf jeder transitiven, d.h. S4-Modellstruktur gültig ist.

S5-Gültigkeit.[32] Kommen wir schließlich zu den Gültigkeitsbedingungen für das stärkste unserer Systeme, zu dem System S5, das Plantinga in seiner modalen Version des ontologischen Arguments benutzt. Das S5-Axiom **S5** *Mα* $\supset$ *LMα* läßt sich auf mindestens einer S4-Modellstruktur, die reflexiv und transitiv ist, falsifizieren, was zeigt, daß **S5** kein Theorem von S4 ist. Sei α eine atomare Formel *p* der Aussagenlogik. Sei $\langle G, K, R \rangle$ eine Modellstruktur, worin K aus zwei Welten W und W' besteht und sei R so bestimmt, daß jede dieser Welten möglich ist relativ zu sich selbst und W darüberhinaus möglich relativ

---

[32] Vgl. HUGHES/CRESSWELL (1996) 60-1.

zu W' ist, nicht aber W' zu W. Φ sei eine Bewertung, die p in W wahr, aber in W' falsch macht. Aufgrund der Wahrheitsbedingungen für den Möglichkeits-operator [Φ M] ist Mp in W, da W möglich ist relativ zu sich selbst und p darin wahr ist, wahr, d.h. $\Phi(Mp, W) = 1$. Da aber W' die einzige Welt ist, relativ zu der W' möglich ist, und da p darin falsch ist, ist Mp in W' aufgrund von [Φ M] falsch, d.h. $\Phi(Mp, W') = 0$. Dann aber ist wegen der Wahrheitsbedingungen für den Notwendigkeits-operator [Φ L], da W möglich ist relativ zu W', LMp in W falsch, d.h. $\Phi(LMp, W) = 0$. Somit ist Mp in W wahr, aber nicht notwendigerweise, da LMp in W falsch ist. Deshalb ist **S5** auf dieser Modellstruktur falsifizierbar und somit kein Theorem von S4. Wenn **S5** auf einer Modellstruktur gültig werden soll, dann muß R darin *reflexiv, transitiv* und zusätzlich *symmetrisch* sein. Eine Modellstruktur ist symmetrisch genau dann, wenn für eine Welt W und W' gilt: wenn WRW', dann auch W'RW.[33] Vereint R diese drei Eigenschaften, wie es bei einer S5-Modellstruktur der Fall ist, dann handelt es sich bei R um die für das System S5 charakteristische *Äquivalenzrelation.* Auf einer S5-Modellstruktur, die reflexiv, transitiv und symmetrisch ist, kann **S5** nicht falsifiziert werden. Das soll im folgenden wiederum mit der Reductio-Methode bewiesen werden. Wir wollen also davon ausgehen, daß es eine reflexive, transitive und symmetrische Modellstruktur ⟨G, K, R⟩, also eine S5-Modellstruktur gibt, auf der **S5** nicht gültig ist. Für α stehe dabei die atomare wff p. Es gelte nun $\Phi((Mp \supset LMp), W) = 0$. Wie in den obigen Beweisen muß es auch in diesem Fall ein Modell Φ geben, das auf dieser Modellstruktur basiert, in welchem das Antezedens des S5-Axioms Mp gemäß [Φ $\supset$] in der Welt W $\in$ K wahr wird, das Sukzedens LMp aber falsch. D.h. $\Phi(Mp, W) = 1$ und $\Phi(LMp, W) = 0$. Aufgrund der Wahrheit des Antezedens und der Wahrheitsbedingungen für den Möglichkeitsoperator [Φ M] gibt es eine Welt W' $\in$ K, relativ zu der W möglich ist, d.h. WRW', in der p wahr sein muß, d.h. $\Phi(p, W') = 1$. Aufgrund der Falschheit des Sukzedens und der Wahrheits-bedingungen für den Notwendigkeitsoperator [Φ L] gibt es eine Welt W'' $\in$ K, die möglich ist relativ zu W, d.h. WRW'' in der Mp falsch ist, d.h. $\Phi(Mp, W'') = 0$. W ist nun möglich relativ zu W'', d.h. WRW'', und R ist symmetrisch, d.h. W''RW. W ist zudem möglich relativ zu W', d.h. WRW', und da R auch transitiv ist, erhalten wir W''RW'. Wir erhalten wegen der Falschheit von Mp in W'', d.h. $\Phi(Mp, W'') = 0$, und wegen [Φ M] die Falschheit von p in W', d.h. $\Phi(p, W') = 1$. Das aber widerspricht der Wahrheit von p in W', d.h. $\Phi(p, W') = 0$ und beweist, daß **S5** auf jeder äquivalenten, d.h. S5-Modellstruktur, in der jede Welt

---

[33] Die Symmetrie von R stellt für die logische Gültigkeit modaler ontologischer Argumente eine unerläßliche Bedingung dar; ohne sie werden diese Argumente ungültig. Ich werde auf diesen wichtigen Punkt in 3.422 ausführlich eingehen.

zu sich selbst und zu allen anderen Welten relativ möglich ist, wahr wird. Die durchgeführten Beweise zeigen, daß die Systeme M und S4 in S5 enthalten sind. Auch das System B, für das wir keinen Beweis geführt haben, ist in S5 enthalten.[34]

Hughes und Cresswell schlagen noch *eine andere Definition eines S5-Modells* vor, in der die Relation der relativen Möglichkeit, die in S5 eine Äquivalenzrelation ist, aufgehoben wird.[35] Der Grund ist der, daß in S5 alle Welten, die möglich sind relativ zu einer Welt W, aufgrund der Äquivalenzrelation einfach mit allen Welten überhaupt gleichgesetzt werden können. Die Gültigkeit in S5 kann demzufolge als Gültigkeit auf jeder Modellstruktur definiert werden, in der R eine *universale Relation* ist, eine Relation, die zwischen jedem Paar von Welten dieser Modellstruktur besteht, seien sie identisch oder nicht. Wenn in einer S5-Modellstruktur ⟨G, K, R⟩ R eliminiert wird, dann kann eine neue, einfachere Bewertung für die Modaloperatoren L und M vorgenommen werden:

[Φ *L*S5] $\Phi(L\alpha, W) = 1$, wenn $\Phi(\alpha, W') = 1$ für jede $W' \in K$;
             sonst $\Phi(L\alpha, W) = 0$.

[Φ *M*S5] $\Phi(M\alpha, W) = 1$, wenn $\Phi(\alpha, W') = 1$ für mindestens eine $W' \in K$;
             sonst $\Phi(M\alpha, W) = 0$.

In 2.25 werde ich im Rahmen meiner Erörterung der Relation der relativen Möglichkeit, die Plantingas Modalmetaphysik und seinem MOA zugrunde liegt, auf die Eigenschaften von R in S5 zurückkommen.

1.2   Modale Prädikatenlogik

1.21   Zur Syntax der modalen Prädikatenlogik

In diesem Abschnitt werde ich meine Darstellung der Syntax der modalen Prädikatenlogik auf die Vorstellung der Sprache der modalen Prädikatenlogik beschränken, da ich bei meiner Analyse des MOA, insbesondere bei der Überprüfung der logischen Gültigkeit, lediglich auf die Axiome und Transformationsregeln der modalen Aussagenlogik zurückgreifen werde. Im folgenden bleiben die Axiome und Transformationsregeln der modalen Prädikatenlogik deshalb unberücksichtigt. Die Kenntnis der Sprache der

---

[34] Vgl. HUGHES/CRESSWELL (1996) 63.

[35] Vgl. HUGHES/CRESSWELL (1996) 61-2.

modalen Prädikatenlogik wird uns bei unserer Analyse der logischen Binnenstruktur der Prämissen des MOA zugute kommen.

Korrespondierend zu den vier behandelten Systemen der modalen Aussagenlogik M, B, S4 und S5 gibt es Systeme der modalen Prädikatenlogik. Die modale Prädikatenlogik stellt im wesentlichen eine Erweiterung der modalen Aussagenlogik um *Quantoren* dar. Bei den Quantoren handelt es sich um Zeichen, die es erlauben, über Dinge zu sprechen, die bestimmte Bedingungen erfüllen müssen. Der Allquantor $\forall x$ besagt, daß jedes Objekt x eine bestimmte Bedingung, die durch eine wff α angegeben wird, erfüllt; der Existenzquantor $\exists x$, daß mindestens ein Individuum x eine bestimmte Bedingung erfüllt. Die Quantoren entsprechen in etwa den umgangssprachlichen Ausdrücken 'alles' bzw. 'etwas' oder präziser: 'für alle Individuen x gilt ...' oder 'für mindestens ein Individuum x gilt...'.[36]

Der *Sprache* der modalen Aussagenlogik werden, um sie zur Sprache der modalen Prädikatenlogik $\mathscr{L}$ zu erweitern, die folgenden Grundzeichen hinzugefügt:[37]

(i)   Für jede natürliche Zahl n ($n \geq 1$) eine (möglicherweise endliche, aber höchstens abzählbar unendliche) Menge von n-stelligen *Prädikaten* $\phi, \chi, \psi, ...$ u.s.w.

(ii)   Eine abzählbar unendliche Menge von *Individuenvariablen* x, y, z, ... u.s.w.

(iii)   Der *Allquantor* $\forall x$.

Für die modale Prädikatenlogik gelten zusätzlich zur modalen Aussagenlogik die folgenden Formregeln:[38]

FR4   Jede Folge von Zeichen, die aus einem n-stelligen Prädikat, gefolgt von n (nicht notwendigerweise verschiedenen) Individuenvariablen besteht, ist eine (atomare) wff.

FR5   Wenn α eine wff ist und x eine Individuenvariable, dann ist $\forall x \alpha$ eine wff.

---

[36]   Vgl. HUGHES/CRESSWELL (1996) 235.

[37]   Vgl. HUGHES/CRESSWELL (1996) 235-6.

[38]   Vgl. HUGHES/CRESSWELL (1996) 236.

Die abkürzenden Definitionen für die modale Aussagenlogik können alle in die modale Prädikatenlogik übernommen werden. Wir wollen ihnen zudem die folgende Definition für den *Existenzquantor* hinzufügen:[39]

$$[\text{Def }\exists x] \qquad \exists x\alpha \quad =_{\text{def}} \quad {\sim}\forall x{\sim}\alpha.$$

In einer wff, z.B. im obigen Definiendum $\exists x\alpha$, nennt man α den *Bereich* des Quantors $\exists x$. Wenn ein Vorkommnis einer Individuenvariable x in einer wff α im Bereich eines Quantors liegt, der x enthält, ist diese Variable *gebunden*, wenn nicht, dann ist sie *frei*. In '$\exists x\phi x$' ist das zweite Vorkommnis von x durch den Quantor $\exists x$ gebunden, in 'ϕx' ist die Individuenvariable frei.[40] Um diese formale Sprache zu illustrieren, wollen wir die Proposition:

(6)   *Alle Hasen haben Nasen*

formalisieren. Wenn das einstellige Prädikat ϕ für '... ist ein Hase' steht, das einstellige Prädikat χ für '...ist eine Nase' und das zweistellige Prädikat ψ für '... hat ...' steht, dann kann (6) folgendermaßen formalisiert werden:

(7) $\forall x\exists y\,((\phi x \wedge \chi y) \supset \psi xy).$

In (7) sind alle Individuenvariablen durch die Quantoren gebunden. Man kann in einem solchen Fall auch von einer *geschlossenen* wff sprechen. Kommt eine Variable in einer wff frei vor, dann kann eine solche wff als *offen* bezeichnet werden. In unserem Beispiel haben wir auf eine Verknüpfung von Quantoren mit Modaloperatoren vorerst verzichtet. Wir werden auf derartige Propositionen in 1.23 sowie in 1.24 eingehen. Bei der Interpretation einer quantifizierten wff, wie etwa von (7), sollte beachtet werden, daß Quantoren immer nur im Zusammenhang mit einem *Individuenbereich* benutzt werden können, auf dessen Elemente sie sich beziehen.[41] Das zu erläutern, wird unter anderem die Aufgabe des nächsten Abschnitts sein.

---

[39] Vgl. HUGHES/CRESSWELL (1996) 236.

[40] Vgl. HUGHES/CRESSWELL (1996) 236.

[41] Vgl. HUGHES/CRESSWELL (1996) 237.

Um eine Semantik für die modale Prädikatenlogik zu entwickeln, führt Kripke den Begriff der *quantifizierten Modellstruktur* ein[42] Eine quantifizierte Modellstruktur ist eine Modellstruktur $\langle G, K, R \rangle$ eines modalen Systems S zusammen mit der Funktion Ψ, die jeder $W \in K$ eine Menge $\Psi(W)$ zuordnet. Die Menge $\Psi(W)$ ist der *Individuenbereich* von W, d.h. die Menge aller Individuen, die in W existieren. Die Menge aller Individuenbereiche ist U. U ist somit die Menge aller möglichen Individuen.

Zur Definition eines quantifizierten Modells bedarf es einer Erweiterung des aussagenlogischen Modellbegriffs. Ein *quantifiziertes Modell* auf der Basis einer quantifizierten Modellstruktur $\langle G, K, R \rangle$ ist eine zweistellige Funktion $\Phi(\phi^n, W)$, wobei sich die erste Variable auf *n*-stellige Prädikatbuchstaben ϕ^n bezieht und die zweite auf Welten $W \in K$.[43] Diese Funktion ordnet ϕ^n, wenn *n* > 0, eine Menge von *n*-Tupeln aus den Elementen von U zu. 0-stelligen Prädikaten, d.h. Propositionenvariablen, wird einer der Wahrheitswerte 0 oder 1 zugeordnet.[44] Mit Hilfe des quantifizierten Modells kann nun für jede Formel α und für jede W aus K in bezug auf eine bestimmte Zuordnung von Elementen aus U zu den freien Variablen in α, ein Wahrheitswert $\Phi(\alpha, W)$ induktiv definiert werden.

Die *Wahrheitswertzuordnung* (Bewertung) an atomare wff der modalen Prädikatenlogik sieht wie folgt aus:[45]

$[\Phi \, \phi^n x]$ Für eine atomare wff der Form $\phi^n(x_1, ..., x_n)$, in der ϕ^n ein *n*-stelliger Prädikatbuchstabe ist (wobei $n \geq 1$), ist, bei einer gegebenen Zuordnung von Elementen $a_1, ..., a_n$ aus U an die Individuenvariablen $x_1, ..., x_n$, $\Phi(\phi^n(x_1, ..., x_n), W) = 1$, wenn das *n*-Tupel $\langle a_1, ..., a_n \rangle$ ein Element von $\Phi(\phi^n, W)$ ist; sonst ist $\Phi(\phi^n(x_1, ..., x_n), W) = 0$ in bezug auf die gegebene Zuordnung der Elemente von U.

Bei den Elementen von U handelt es sich um *n*-Tupel von Individuen $\langle a_1, ..., a_n \rangle$ aus U. Diese stellen als Elemente von $\Psi(W)$ die Extension eines Prädikates ϕ^n in einer Welt W dar. Nachdem die Bewertung der atomaren wff der modalen Prädikatenlogik vorgenommen worden ist, ist es möglich, die Wahrheitswert-

---

[42]   Zum folgenden vgl. KRIPKE (1971) 65-7 und PLANTINGA (1974) 124.

[43]   Vgl. KRIPKE (1971) 66.

[44]   Vgl. KRIPKE (1971) 67.

[45]   Vgl. KRIPKE (1971) 67.

zuordnung an die komplexen, d.h. mit Junktoren zusammen-gesetzten, wff zu induktiv zu definieren. Doch brauchen wir hier nicht mehr darauf einzugehen, da die Wahrheitsbedingungen für die Junktoren und die Modaloperatoren in 1.12 bereits bestimmt worden sind. Nun müssen wir lediglich noch die Bewertung für die durch die Quantoren gebundenen wff vornehmen. Wenn eine Formel $\alpha(x, y_1, ..., y_n)$ gegeben ist, in der nur x und y_i die einzigen freien Variablen sind, und wenn ein Wahrheitswert $\Phi(\alpha(x, y_1, ..., y_n), W)$ für jede Zuordnung von Elementen aus U an die freien Variablen von $\alpha(x, y_1, ..., y_n)$ definiert worden ist, gelten für die quantifizierten wff folgende Wahrheits-bedingungen:[46]

[$\Phi\ \forall x\alpha$] $\Phi(\forall x\alpha(x, y_1, ..., y_n), W) = 1$ in bezug auf eine Zuordnung von $b_1, ...,$ b_n an $y_1, ..., y_n$ (wobei b_i Elemente von U sind), wenn $\Phi(\alpha(x, y_1, ...,$ $y_n), W) = 1$ für jede Zuordnung von $a, b_1, ..., b_n$ an $x, y_1, ..., y_n$, wobei $a \in \Psi(W)$; sonst $\Phi(\forall x\alpha(x, y_1, ..., y_n), W) = 0$ in bezug auf die gegebene Zuordnung.

[$\Phi\ \exists x\alpha$] $\Phi(\exists x\alpha(x, y_1, ..., y_n), W) = 1$ in bezug auf eine Zuordnung von $b_1, ...,$ b_n an $y_1, ..., y_n$ (wobei b_i Elemente von U sind), wenn $\Phi(\alpha(x, y_1, ...,$ $y_n), W) = 1$ für mindestens eine Zuordnung von $a, b_1, ..., b_n$ an x, $y_1, ..., y_n$, wobei $a \in \Psi(W)$; sonst $\Phi(\exists x\alpha(x, y_1, ..., y_n), W) = 0$ in bezug auf die gegebene Zuordnung.

In beiden Bewertungen weist die Restriktion $a \in \Psi(W)$ darauf hin, daß in W nur über Individuen quantifiziert wird, die in W existieren. Kripke interpretiert die Quantoren demnach welt-sensitiv.

Nach der Definition der Wahrheitsbedingungen kann die *Gültigkeit* einer Formel α der modalen Prädikatenlogik definiert werden. Eine Formel α ist gültig in der quantifizierten Version von M, B, S4 oder S5, wenn sie in allen quantifizierten Modellen $\Phi(\alpha, W)$ auf einer qantifizierten M-, B-, S4-, bzw. S5-Modellstruktur $\langle G, K, R \rangle$ wahr wird.[47]

---

[46] Vgl. KRIPKE (1971) 67.

[47] Ich verzichte auf die Gültigkeitsbeweise für die modale Prädikatenlogik, da für meine Zwecke die der modalen Aussagenlogik aus 1.12 ausreichen. Vgl. dazu HUGHES/CRESSWELL (1996) 247-50.

1.23 Modalität *de dicto* und Modalität *de re*

In diesem Abschnitt möchte ich kurz auf eine Unterscheidung hinweisen, die für die folgenden Teile der Arbeit von Bedeutung ist: es ist die Unterscheidung der wff der modalen Prädikatenlogik in modale Propositionen *de dicto* und *de re*. Wir wollen uns diesen Unterschied am Beispiel der folgenden zwei Propositionen vor Augen führen:

(9) $M\exists x$ (x ist ein geflügeltes Pferd),

(10) $\exists xM$ (x ist ein geflügeltes Pferd).

In (9) befindet sich keine freie Individuenvariable im Bereich des Möglichkeitsoperators, wohl aber in (10). Der Unterschied liegt nun im folgenden: (9) besagt, daß in mindestens einer möglichen Welt die Proposition (*dictum*), daß es mindestens ein Ding gibt, das die Eigenschaft hat, ein geflügeltes Pferd zu sein, wahr ist, wohingegen (10) zum Ausdruck bringt, daß es in der wirklichen Welt mindestens ein Ding (*res*) gibt, das möglicherweise, d.h. in einer möglichen Welt, die möglich ist relativ zur wirklichen Welt, die Eigenschaft hat, ein geflügeltes Pferd zu sein.[48]

1.24 Zur Interpretation der Quantifikation

In Kripkes Entwurf einer Semantik für die modale Prädikatenlogik wird, wie wir in 1.22 gesehen haben, zum Zwecke der Interpretation von wff der modalen Prädikatenlogik mit der Funktion Ψ jeder Welt W aus K ein nicht leerer *Individuenbereich* Ψ(W) der Dinge, die in W existieren aus der Menge aller möglichen Individuen U zugeordnet. Dabei beziehen sich nach [Φ $\forall x\alpha$] und [Φ $\exists x\alpha$] die *Quantoren* aufgrund der Restriktion $a \in \Psi$(W) ausschließlich auf die

---

[48]   Vgl. dazu HUGHES/CRESSWELL (1996) 250. Bei der Erörterung des Unterschiedes zwischen *de re* und *de dicto* Modalitäten am Beispiel der Konverse der Barcanschen Formel $L\exists x\phi x \supset \exists xL\phi x$ ist Hughes und Cresswell ein Versehen unterlaufen. Ich zitiere: "In the antecedent there is a variable x free inside the scope of the modal operator L, while in the consequent there are no free variables inside L." Das ist offensichtlich falsch. Dieser Satz wird wahr, wenn darin die Ausdrücke 'antecedent' und 'consequent' gegeneinander ausgetauscht werden. Die auf diesen Satz folgenden Ausführungen von Hughes and Cresswell sind korrekt. Vgl. HUGHES/CRESSWELL (1996) 250-1.

Objekte, die auch im Individuenbereich $\Psi(W)$ einer bestimmten Welt W enthalten sind.

In diesem Abschnitt wollen wir Kripkes Interpretation des Individuenbereichs der Quantoren kurz erläutern sowie auf eine ontologische Konsequenz hinweisen, zu der Kripkes Semantik führt. Zunächst wollen wir uns Kripkes Interpretation des *Individuenbereichs einer Welt* zuwenden. Hier stellt sich nun die Frage, ob alle Welten denselben Individuenbereich haben sollen, oder, ob die Individuenbereiche verschiedener Welten verschieden sein dürfen.[49] In "Semantical Considerations on Modal Logic", dem Aufsatz, der diesem Überblick über die formale Semantik der Modallogik zugrunde liegt, spricht sich Kripke für die zweite Alternative aus:

"Notice, of course, that $\psi(H)$ need not be the same set for all arguments H, just as, intuitively, in worlds other than the real one, some actually existing individuals may be absent, while new individuals, like Pegasus, may appear."[50]

Die Individuenbereiche dürfen demnach von Welt zu Welt *variieren*, d.h. verschiedene Individuenbereiche $\Psi(W)$, $\Psi(W')$, ... , $\Psi(W^n)$ sind zulässig. Nach dieser Interpretation kann durchaus der Fall eintreten, daß zwei Welten W und W', für die WRW' gilt, zwei derart verschiedene Individuenbereiche $\Psi(W)$ und $\Psi(W')$ haben, daß sie sich nicht überschneiden, und somit kein Individuum gemeinsam haben.[51] Intuitiv besagt das soviel, daß manche Dinge, die z.B. in der wirklichen Welt G existieren, z.B. Saul Kripke, darin auch nicht existieren könnten und daß andere Entitäten, wie z.B. Pegasus, die in G nicht existieren, in der wirklichen Welt hätten existieren können. (Ich werde diesen Punkt, nachdem wir Kripkes Interpretation der Quantoren erläutert haben, wieder aufnehmen.) Die Alternative zu Kripkes Auffassung besteht darin, die Individuenbereiche von Welt zu Welt als *konstant* zu betrachten. In diesem Fall ist der Individuenbereich jeder beliebigen Welt W identisch mit dem Individuenbereich aller möglichen Objekte, d.h. $\Psi(W) = U$.[52]

An die Frage nach der angemessenen Interpretation des Individuenbereichs schließt sich, da sich die Quantoren auf die Individuen des Individuenbereichs beziehen, unmittelbar die Frage nach der Deutung der

---

[49] Vgl. dazu auch FORBES (1995) 501.

[50] KRIPKE (1971) 65; zur Erinnerung: Kripke schreibt für W (Welt) H.

[51] Ein solcher Fall tritt ein, wenn ein Modell die Inklusionsforderung, wenn WRW', dann $\Psi(W) \subseteq \Psi(W')$ nicht erfüllt. Vgl. dazu HUGHES/CRESSWELL (1996) 275.

[52] Vgl. FORBES (1995) 501.

Quantoren an.[53] Kripke favorisiert eine *welt-sensitive Lesart* der Quantoren. Diese Lesart erfordert für die Wahrheit einer Existenzaussage $\exists x\alpha$ in einer Welt W, daß α in W von mindestens einem Objekt x aus Ψ(W) wahr sein muß. Diese Forderung entspricht der *Restriktion* $a \in \Psi$(W) in [$\Phi\ \forall x\alpha$] und [$\Phi\ \exists x\alpha$]. Zur Illustration:[54] Nach der welt-sensitiven Interpretation der Quantoren wird eine Existenzaussage wie:

(11) $\exists x$ (x ist ein geflügeltes Pferd)

in einer bestimmten Welt W nur dann wahr, wenn der Individuenbereich dieser Welt Ψ(W) ein Individuum enthält, das in W die Eigenschaft hat, ein geflügeltes Pferd zu sein. Das bedeutet, daß (11) nur dann in W wahr wird, wenn es erstens ein Element von U gibt, das zur Extension des Prädikats '... ist ein geflügeltes Pferd' in W gehört, und zweitens, wenn dieses Individuum in Ψ(W) auch enthalten ist. Nach der welt-sensitiven Interpretation der Quantoren ist es irrelevant, ob ein Individuum aus U, das sich nicht im Individuenbereich von W befindet, die Eigenschaft hat, ein geflügeltes Pferd zu sein.[55] Die *de dicto*-Proposition:

(9) $M\exists x$ (x ist ein geflügeltes Pferd)

wird wahr, wenn es ein Individuum aus U gibt, das auch im Individuenbereich Ψ(W) einer Welt W enthalten ist, in welcher es zur Extension des Prädikats '... ist ein geflügeltes Pferd' gehört und in W somit die Eigenschaft hat, ein geflügeltes Pferd zu sein.[56] Die *de re*-Proposition:

---

[53]   Vgl. FORBES (1995) 501.

[54]   Vgl. PLANTINGA (1979b) 255.

[55]   Wäre das relevant, dann läge eine *possibilistische Lesart* der Quantoren vor. Diese Lesart unterscheidet sich von der welt-sensitiven insofern, als es für eine Existenzquantifikation $\exists x\alpha$, wenn α in W von mindestens einem Objekt in U, d.h. der Menge aller möglichen Objekte, wahr ist und nicht, wie im Fall der welt-sensitiven Interpretation, ausschließlich von einem Objekt in Ψ(W). Vgl. dazu HUGHES/CRESSWELL (1996) 303-4. Mit possibilistischen Quantoren wird (11) in G auch dann wahr, wenn Pegasus sich nicht im Individuenbereich von G befindet, da es ausreicht, daß Pegasus in U, der Menge aller möglichen Objekte, enthalten ist. Die Unterscheidung zwischen der welt-sensitiven und possibilistischen Interpretation der Quantoren bleibt aber nur solange sinnvoll, solange man, wie wir es bei der Interpretation von (11) getan haben, mit variablen Individuenbereichen arbeitet. Vgl. FORBES (1995) 501.

[56]   Vgl. PLANTINGA (1979b) 255.

(10)   ∃xM (x ist ein geflügeltes Pferd)

wird hingegen genau dann wahr, wenn im Individuenbereich Ψ(G) der
wirklichen Welt G ein Objekt enthalten ist, das in mindestens einer möglichen
Welt, die möglich ist relativ zu G, die Eigenschaft hat, ein geflügeltes Pferd zu
sein.[57] (9) würde nach der welt-sensitiven Interpretation der Quantoren also
auch wahr werden, wenn es kein Objekt aus Ψ(G) gäbe, das in mindestens einer
möglichen Welt ein geflügeltes Pferd ist, aber ein Objekt aus U, das in
mindestens einer möglichen Welt existiert und darin ein Pferd mit Flügeln ist.
(10) würde unter diesen Bedingungen falsch werden. Demgegenüber würde (10)
dann wahr werden, wenn mindestens ein Individuum aus dem Individuenbereich
Ψ(G) der wirklichen Welt G in mindestens einer möglichen Welt W, die
möglich ist relativ zu G, ein geflügeltes Pferd wäre; und zwar würde (10) auch
dann wahr, wenn sonst kein Individuum aus U, das in irgendeiner möglichen
Welt, in der es existiert, die Eigenschaft hätte, ein geflügeltes Pferd zu sein.[58]

An dieser Stelle berühren wir eine für die Modalmetaphysik Plantingas
und sein MOA *zentrale Frage*: Kann es nichtexistente Objekte (possibilia)
geben?[59] Die Semantik Kripkes, die - wie wir oben gesehen haben - mit
variablen Individuenbereichen und welt-sensitiven Quantoren arbeitet, schließt
eine positive Antwort auf diese Frage nicht aus. (Sie legt die Existenz von
possibilia aber auch nicht nahe, da sie die Möglichkeit nicht ausschließt, daß
Ψ(G) und U identisch sein können.[60]) Die ontologische Festlegung der Kripke-
Semantik auf possibilia wird deutlich, wenn die Wahrheit von:

(12)   Möglicherweise gibt es ein Objekt, das verschieden ist von jedem
        einzelnen Objekt, das in G existiert

akzeptiert wird.[61] Wird (12) als wahr behauptet, dann wird damit eingeräumt,
daß es eine mögliche Welt W gibt, in der ein Individuum existiert, das sich von
allen Individuen unterscheidet, die in der wirklichen Welt G existieren. Der
Individuen-bereich Ψ(W) würde demnach ein Individuum enthalten, das nicht
in Ψ(G), also in der Menge der wirklich existierenden Dinge, enthalten wäre. Da
aber U die Vereinigungsmenge der Individuenbereiche aller möglichen Welten
ist und damit auch Ψ(G) einschließt, würde auch in U ein Objekt enthalten sein,

---

57   Vgl. PLANTINGA (1979b) 255.

58   Vgl. PLANTINGA (1979b) 255-6.

59   Vgl. PLANTINGA (1979b) 256.

60   Vgl. PLANTINGA (1979b) 256.

61   Vgl. PLANTINGA (1979b) 256.

das in der wirklichen Welt nicht existieren und deshalb überhaupt nicht existieren würde.[62] Akzeptiert man sowohl Kripkes Semantik als auch (12), dann verpflichtet man sich nach Plantinga auf die "Existenz" nichtexistenter Dinge.[63] Man begeht damit offensichtlich auch einen logischen Widerspruch (vorausgesetzt man verwendet 'existieren' in ein und demselben Sinn.)[64]

Diese ontologische Konsequenz der Kripke-Semantik stellt ein wichtiges modalmetaphysisches Problem dar, das Plantinga im Rahmen seines aktualistischen Entwurfes zu lösen versucht.[65] Plantingas Lösung dieses Problems, d.h. der Etablierung der Vereinbarkeit einer aktualistischen Ontologie unter gleichzeitiger Beibehaltung von Kripkes Semantik möglicher Welten, ohne eine ontologische Festlegung auf possibilia einzugehen, ist kennzeichnend für Plantingas Modalmetaphysik und für die Konstruktion seines MOA. Wir werden auf Plantingas Lösungsversuch in Abschnitt 2.211 ausführlicher eingehen und auf seine Implikationen für das MOA in 3.1 sowie in 3.2.

---

[62] Vgl. PLANTINGA (1979b) 256.

[63] Vgl. PLANTINGA (1979b) 256. Plantinga scheint hier auf das von Quine geprägte Kriterium der ontologischen Verpflichtung (ontological commitment), bezug zu nehmen. (Quine hat verschiedene Versionen dieses Kriteriums formuliert, die nicht immer äquivalent sind (vgl. HAACK (1978) 45). Die ausführlichste Version findet sich meines Wissens in QUINE (1980b) 103: "In general, entities of a given sort are assumed by a theory if and only if some of them must be counted among the values of the variables in order that the statements affirmed in the theory to be true." D.h., daß das ontological commitment als Kriterium betrachtet werden kann, das es erlaubt, die ontologischen Annahmen von Theorien, die für ihre Existenzbehauptungen Wahrheit beanspruchen, freizulegen. Bekannter ist dieses Kriterum unter dem Slogan: "To be is to be a value of a variable". Vgl. z.B. QUINE (1980c) 15.)

[64] Vgl. LOUX (1979a) 45-6.

[65] Vgl. PLANTINGA (1974) Kapitel VII-VIII und PLANTINGA (1979b).

21

2 Modalmetaphysischer Teil

2.1 Formale und angewandte Semantik

Nach Plantinga gibt es zwei Möglichkeiten, die Kripke-Semantik zu betrachten: als formale Semantik oder aber als angewandte Semantik.

Betreibt man die Kripke-Semantik als *formale Semantik*, dann stellen sich Fragen nach dem ontologischen Status der Entitäten, auf die man sich mit Ausdrücken wie 'mögliche Welt', 'notwendige Eigenschaft' oder 'Individuum' bezieht, gar nicht.[66] Der formale Semantiker betrachtet eine Modellstruktur $\langle$G, K, R$\rangle$ lediglich als ein geordnetes Tripel, als eine mengentheoretische Struktur. Nichts anderes haben wir in 1.12 und 1.22 getan. Die *informale Rede* von möglichen Welten und den sich darin befindenden Individuen galt uns nur als ein *heuristisches Mittel*. Es half unserem Nachdenken über Mögliches und Notwendiges, wenn wir uns andere mögliche Welten vorstellen konnten. Die informale Deutung der mengentheoretischen Entitäten als mögliche Welten usw. haben wir dabei nicht wörtlich genommen, sondern nur als unverbindliche metaphysische Metaphorik betrachtet, die unsere modalen Intuitionen unterstützt hat. Bei den Elementen von K hätte es sich nicht um mögliche Welten handeln müssen, G hätte nicht als die wirkliche Welt betrachtet werden müssen und R nicht als Relation zwischen möglichen Welten. Es hätte uns auch eine andere informale Interpretation der mengentheoretischen Größen offengestanden als jene, die Kripke vorgeschlagen hat. Man hätte sie, wie z.B. Hughes und Cresswell, auch im Rahmen eines modalen Spiels informal deuten können. Bei den Elementen von K würde es sich dann um Spieler eines modalen Spiels handeln, bei R um eine Sichtrelation, die zwischen diesen Spielern besteht, bei α um Propositionen, deren Wahrheit durch das Handheben der Spieler angezeigt würde, und bei $L\alpha$ um eine für einen Spieler notwendigerweise wahre Proposition, die für ihn deswegen notwendigerweise wahr sein würde, weil alle Spieler in seinem Sichtfeld die Hand heben würden, wenn α vom Spielleiter aufgerufen würde.[67] Als weitere informale Interpretation etwa einer Modellstruktur führt Plantinga selbst das Schachspiel an.[68] Die formale Semantik ist nach Plantinga somit *ontologisch neutral*: sie verpflichtet sich

---

[66] Vgl. PLANTINGA (1974) 125.

[67] Vgl. HUGHES/CRESSWELL (1968) 63-8 und die leicht abweichende Version des Spiels in HUGHES/CRESSWELL (1996) 18-21.

[68] Vgl. PLANTINGA (1974) 127.

ontologisch fast nur auf Mengenlehre.[69] Ihre informalen Interpretationen dienen nur heuristischen Zwecken und sind ontologisch unverbindlich.

Anders verhält es sich mit der informalen Deutung der formalen Semantik, für die Plantinga eintritt. Seine *angewandte Semantik* übt keine bloße Metaphorik. Sie nimmt ontologische Fragen und die Rede von möglichen Welten, von den sich darin befindenden Individuen, ihren Eigenschaften und dergleichen ernst und geht *ontologische Verpflichtungen* ein.[70] K z.B. wird dann konsequent als Menge von möglichen Welten aufgefaßt, G als die wirkliche Welt und $\Psi(W)$ als Menge von Individuen, die existieren würden und bestimmte Eigenschaften ϕ hätten, wenn W wirklich wäre.[71] Im Gegensatz zur formalen erlaubt es die angewandte Semantik nach Plantinga, z.B. dem Notwendigkeitsoperator L eine wirkliche Bedeutung zu geben[72] und Bedingungen dafür aufzustellen, wann eine Proposition notwendigerweise wahr ist oder wann ein Individuum eine Eigenschaft notwendigerweise besitzt. Das kann, so Plantinga, die formale Semantik nicht leisten. Sie kann nur angeben, daß eine wff z.B. $L\alpha$ im Rahmen eines bestimmten modallogischen Systems, z.B. S5, soviel besagt, daß α eine gültige Formel von S5 ist. Die formale Semantik ist nach Plantinga aber auch außerstande, einer *de re* Proposition etwa, die durch die Satzform:

(1) $\exists x \, L(x$ ist eine Person)

ausdrückt wird, eine Bedeutung zu geben. Das kann nach Plantinga erst die ontologisch verbindliche angewandte Semantik leisten. (1) besagt danach, daß in der wirklichen Welt ein Individuum existiert, das in allen möglichen Welten die Eigenschaft hat, eine Person zu sein.[73] Eine derartige verbindliche Interpretation der Kripke-Semantik erlaubt es nach Plantinga "to spell out *the sober metaphysical truth about modality*".[74] Die angewandte Semantik Plantingas ergänzt somit die formale insofern, als sie ihren Symbolen wie etwa W, G, R, x, ϕ, oder α Entitäten zuordnet, die sie Plantingas Auffassung nach braucht, um ihre Aufgabe adäquat zu erfüllen und uns einen tieferen Einblick in

---

[69]   Vgl. PLANTINGA (1974) 127.

[70]   Vgl. PLANTINGA (1974) 126.

[71]   Vgl. PLANTINGA (1974) 128.

[72]   Vgl. PLANTINGA (1974) 127.

[73]   Vgl. PLANTINGA (1974) 128.

[74]   PLANTINGA (1974) 125; die Hervorhebung stammt von mir.

unsere modalen Begriffe zu ermöglichen.[75] Die ontologisch verpflichtete angewandte Semantik liefert somit eine *Metaphysik* für die formale.

In den übrigen Abschnitten dieses Kapitels wollen wir uns einen Überblick über die modale Metaphysik Plantingas verschaffen, mit der er das metaphysisch interpretiert, was wir in den formalsemantischen Abschnitten 1.12 und 1.22 - 1.2.4 behandelt haben. Die Abschnitte 2.21 und 2.25 werden uns über Plantingas Deutung der Modaloperatoren *M* bzw. *L* und damit über den Möglichkeits- bzw. Notwendigkeitsbegriff, der seinem MOA zugrunde liegt, Auskunft geben. In 2.22 - 2.25 werden wir erfahren, was sich nach Plantingas Auffassung hinter W, G, R verbirgt und was gemeint ist, wenn von der Existenz eines beliebigen Individuums x mit einer beliebigen Eigenschaft ϕ die Rede ist. Was unter einer *de dicto* Behauptung wie etwa '$L\exists x(x$ ist eine Person)' und was unter einer *de re* Aussage wie (1) zu verstehen ist, werden wir uns in 2.26 - 2.210 ansehen. In 2.211 werden wir uns mit Plantingas Antworten auf zwei Fragen beschäftigen, die von Bedeutung für das Verständnis seiner Reformulierung des ontologischen Arguments sind. Die erste dieser Fragen lautet: Kann es Individuen geben, die in Wirklichkeit nicht existieren? Die zweite Frage lautet: Können diese Individuen Eigenschaften haben? Die Kenntnis der Modalmetaphysik Plantingas ist für die Beurteilung der Prämissen des MOA unumgänglich.[76] Wir werden bei unserer Analyse dieses Arguments im dritten Kapitel durchweg auf sie zurückgreifen.

2.2   Plantingas Metaphysik der Modalität[77]

2.21   Logische Modalität im weiten Sinn

Was versteht Plantinga unter 'notwendig' bzw. unter 'möglich', wenn er im Rahmen seiner Metaphysik der Modalität sagt, daß eine Proposition

---

[75]   Vgl. PLANTINGA (1974) 128.

[76]   Dieser Teil der Arbeit ist im wesentlichen referierend. Ich werde Plantingas diskussionswürdige Auffassungen nur an jenen Punkten kritisieren, die für unsere Analyse des MOA von Bedeutung sein werden. Einen Überblick über die Positionen und Tendenzen der Modalmetaphysik geben z.B. LOUX (1979), FITCH (1996) und CHIHARA (1998).

[77]   Plantinga selbst benutzt den Ausdruck ,metaphysics of modality'nicht. Ich habe ihn LOUX (1979) und FORBES (1985) entlehnt.

notwendigerweise bzw. möglicherweise wahr ist?[78] Das zu klären ist die Aufgabe dieses Abschnitts.[79]

Im modallogischen Teil haben wir gesehen, daß die Notwendigkeit einer Proposition p im Sinne des L-M-Austauschs (LMI) als Verneinung der Möglichkeit der Negation von p erklärt werden kann: $Lp \equiv {\sim}M{\sim}p$.[80] Doch erlaubt diese rein syntaktische Erklärung des Notwendigkeitsbegriffs nach Plantinga keine tiefere Einsicht in das, was unter Notwendigkeit zu verstehen ist. Um zu zeigen, was unter *Notwendigkeit* zu verstehen ist, greift Plantinga auf Beispiele zurück, mit denen er sein Verständnis dieses Begriffs gegen andere Interpretationsmöglichkeiten abgrenzen will.[81]

Plantingas Notwendigkeitsbegriff darf nicht auf den Bereich der logischen Wahrheiten der Aussagenlogik und der Prädikatenlogik erster Stufe eingeschränkt werden. Das wären z.B. Propositionen, die die logische Form des Modus Ponens, des Gesetzes des ausgeschlossenen Dritten oder etwa des Gesetzes der doppelten Negation haben, wie z.B.:

(2)   Wenn alle Menschen sterblich sind, und wenn Alvin Plantinga ein Mensch ist, dann ist Alvin Plantinga sterblich.

---

[78] Vgl. dazu auch die Diskussion von Denk-Möglichkeit und Real-Möglichkeit in 3.43.

[79] Plantinga betrachtet nicht Sätze, sondern Propositionen als Wahrheitswertträger (vgl. dazu Anm. 1). Eine Proposition ist seiner Auffassung nach eine nicht-linguistische abstrakte Entität und ähnelt nach seiner eigenen Auskunft dem, worauf sich Frege mit dem Ausdruck 'Gedanke' bezogen habe. Vgl. PLANTINGA (1974) 1, Anm. 1. Da im folgenden häufig von Propositionen die Rede sein wird, ist es vielleicht nützlich (hoffentlich eher nützlich als verwirrend), auf eine knappe Charakterisierung dieses Ausdrucks bei Frege hinzuweisen: "Ich verstehe unter Gedanken nicht das subjektive Tun des Denkens, sondern dessen objektiven Inhalt, der fähig ist, gemeinsames Eigentum von vielen zu sein." Vgl. FREGE (1994) 46, Anm. 5. Bezüglich des ontologischen Status von Propositionen schreibt Plantinga: "It is also obvious, I believe, that there are such things as propositions - the things that are true or false, believed, asserted, denied, entertained, and the like. That there are such things is, I believe, undeniable; but questions may arise to their nature." Vgl. PLANTINGA (1979b) 258. Plantinga unterscheidet zwischen Propositionen wie etwa (i) *Sokrates ist stupsnasig* und Sachverhalten wie z.B. (ii) Sokrates-stupsnasig-Sein. Seiner Auffassung nach stehen Propositionen und Sachverhalte in einer gegenseitigen Implikationsbeziehung, da es (im zu erleuternden logisch weiten Sinn) unmöglich ist, daß (i) falsch ist und (ii) wirklich ist und daß (ii) wirklich ist und (i) nicht wahr ist. Vgl. PLANTINGA (1974) 46. Propositionen und Sachverhalte scheinen für Plantinga ontologisch irreduzibel zu sein. Letztere sind seiner Ansicht nach im Gegensatz zu Propo-sitionen weder wahr, noch falsch; sie können entweder wirklich sein, oder nicht wirklich sein. Vgl. PLANTINGA (1974) 46 und (1979b) 258.

[80] Vgl. [Def M] in 1.11. [Def M] ist ein Anwendungsfall des LMI-Gesetzes; vgl. HUGHES/ CRESSWELL (1996) 34.

[81] Vgl. PLANTINGA (1974) 1.

(3)   Alvin Plantinga ist ein Philosoph oder Alvin Plantinga ist kein Philosoph.

(4)   Alvin Plantinga ist ein Philosoph genau dann, wenn es nicht der Fall ist, daß er kein Philosoph ist.

(2) - (4) sind logische Wahrheiten, d.h. Propositionen, die aufgrund ihrer logischen Form wahr sind. Bei diesen Propositionen handelt es sich nach Plantinga um *logisch notwendige Wahrheiten im engen Sinn*.[82]

Plantingas Notwendigkeitsbegriff ist weiter als dieser. Er versteht unter Notwendigkeit *logische Notwendigkeit im weiten Sinn* (broadly logical necessity).[83] Wahre Propositionen der Mathematik (inklusive Mengenlehre und Arithmetik) wie z.B.:

(5) $97 + 342 + 781 = 1220$

sind notwendig wahr in diesem Sinn. Dazu kommen nach Plantinga noch solche analytischen Wahrheiten wie etwa:

(6)   Niemand ist größer als er selbst.
(7)   Wenn ein Ding rot ist, dann ist es farbig.

Aber auch solche Propositionen, die im Laufe der Philosophiegeschichte diskutiert worden sind (und werden) wie etwa:

(8)   Es existiert ein Wesen derart, daß es nicht möglich ist, daß es ein größeres gibt. (!)
(9)   Niemand hat eine Privatsprache.

sind nach Plantinga logisch notwendige Wahrheiten im weiten Sinn. Die logische Notwendigkeit im weiten Sinn ist somit weiter als der Notwendigkeitsbegriff der elementaren Logik.[84] Er umfaßt z.B. mathematische und analytische Wahrheiten sowie solche Philosopheme wie etwa (8) und (9). Plantingas logische Notwendigkeit im weiten Sinn ist andererseits enger als der Begriff der *kausalen Notwendigkeit*.

---

[82] Vgl. PLANTINGA (1974) 1.

[83] Plantingas broadly logical necessity wird in der Literatur oftmals als *metaphysische Notwendigkeit* verstanden. Vgl. etwa LOUX (1979a) 27, Anm. 9 oder QUINN (1982) 447.

[84] Vgl. PLANTINGA (1974) 2.

Die Proposition:

(10) Alvin Plantinga ist mit Überlichtgeschwindigkeit von Notre Dame nach München geflogen.

ist im kausalen Sinn unmöglich. Im logisch weiten Sinn ist (10) aber *möglich*! Im logisch weiten Sinn ist es uns anders als im kausalen Sinn möglich, wie etwa Superman aus eigener Kraft zu fliegen und Wolkenkratzer zu versetzen. Die Naturgesetze sind kausal notwendige Wahrheiten, sie sind aber nicht notwendig im logisch weiten Sinn. Logische Notwendigkeit im weiten Sinn muß somit von logischer Notwendigkeit im engen Sinn sowie von kausaler Notwendigkeit unterschieden werden.[85]

Einige Philosophen wie z.B. Quine vertreten die Auffassung, daß alle Aussagen, auch logische Gesetze, revidiert werden können.[86] Für diese Philosophen kann es somit keine notwendigen Aussagen geben. Plantinga hält diese Folgerung für verworren, da Notwendigkeit nicht mit *Irrevidierbarkeit* verwechselt werden darf. Eine Proposition kann nach Plantinga notwendigerweise wahr sein, auch wenn man der Ansicht ist, daß sie falsch ist, d.h. revidiert werden muß. Plantinga gibt dafür unter anderem ein Beispiel, das dem folgenden ähnelt: Eine bestimmte Person kann allen Erfahrungen zum Trotz der Überzeugung sein, daß sie beliebt ist. Doch folgt daraus nicht, daß diese Überzeugung notwendigerweise wahr ist, und auch nicht, daß diese Person sie so versteht.[87] Notwendigkeit muß nach Plantinga auch von dem unterschieden werden, was vernünftigerweise nicht verworfen werden kann. Eine Proposition kann seiner Auffassung nach notwendigerweise falsch und zugleich vernünftigerweise unverwerfbar erscheinen. Dafür gibt Plantinga das folgende Beispiel: Jemand kann, nachdem er eine mathematische Rechnung wiederholt überprüft hat, zu der Überzeugung kommen, daß die notwendig falsche Proposition $97 + 342 + 781 = 1120$ wahr ist. Diese Überzeugung ist nach Plantinga vernünftig, obwohl die Gleichung eine Proposition ausdrückt, die im logisch weiten Sinn notwendigerweise falsch ist. (Hinter dem Gleichheitszeichen müßte nämlich 1220 stehen).[88] Logische Notwendigkeit im weiten Sinn muß somit auch von dem unterschieden werden, was vernünftigerweise nicht verworfen werden kann.

---

[85] Vgl. PLANTINGA (1974) 2.

[86] Plantinga bezieht sich hier auf Quines Aufsatz "Two Dogmas of Empiricism"; abgedruckt z.B. in QUINE (1980a) 20-46.

[87] Vgl. PLANTINGA (1974) 3-4.

[88] Vgl. PLANTINGA (1974) 4.

Beide Beispiele sprechen nach Plantinga dafür, daß logische Notwendigkeit im weiten Sinn nicht mit Irrevidierbarkeit gleichgesetzt werden darf.[89]

Plantingas Notwendigkeitsbegriff darf auch nicht mit epistemischen Begriffen wie Selbstevidenz oder Apriorizität verwechselt werden. (5) z.B. ist logisch notwendig im weiten Sinne, aber, wenn *Selbstevidenz* soviel bedeutet, daß uns die Wahrheit einer Proposition unmittelbar einleuchtet, sicherlich nicht selbstevident.[90] Logische Notwendigkeit im weiten Sinn muß nach Plantinga aber auch von *Apriorizität* getrennt gehalten werden. Der Grund: Nicht jede notwendig wahre Proposition im weiten Sinn, die gewußt wird, wird a priori gewußt, d.h. unabhängig von der Erfahrung. (5) ist eine logisch notwendige Proposition im weiten Sinn, aber sie kann auch a posteriori gewußt werden, d.h. in Abhängigkeit von Erfahrung. Beispielsweise kann jemand, der zu faul ist, durch eigenes Nachrechnen zu verifizieren, daß (5) wahr ist, zum Taschenrechner greifen und sich das Ergebnis einblenden lassen.[91]

Zusammenfassend können wir festhalten, daß logische Notwendigkeit im weiten Sinn weder mit logischer Notwendigkeit im engen Sinn, noch mit kausaler Notwendigkeit verwechselt werden darf, noch mit den epistemischen Begriffen der Irrevidierbarkeit, der Selbstevidenz oder der Apriorizität.

Diese epistemischen Begriffe bedürfen eines epistemischen Subjektes, das Sachverhalte für denkbar bzw. denk-möglich hält. Logische Möglichkeit im weiten Sinn (auch metaphysische bzw. Real-Möglichkeit genannt) kommt demgegenüber als objektiver Möglichkeitsbegriff ohne jedes epistemische Subjekt aus. Das bedeutet, daß Sachverhalte auch dann real-möglich sein können, wenn sie niemand für denk-möglich hält. Diese Unterscheidung spielt für unsere Analyse und Kritik des MOA im dritten Teil der Arbeit eine wichtige Rolle. In 3.43 werden wir sie ausführlicher erläutern und in 3.44 darauf aufbauend das MOA kritisieren. Zuvor sollten wir jedoch unseren Überblick über Plantingas Metaphysik, in deren Rahmen sein MOA steht, noch etwas erweitern. Dabei werden wir in 2.25 auf die Frage eingehen, welches modallogische System für das Argumentieren mit logischer Modalität im weiten Sinne Plantingas Ansicht nach das angemessene ist.

---

[89] Vgl. PLANTINGA (1974) 4.

[90] Vgl. PLANTINGA (1974) 5.

[91] Vgl. PLANTINGA (1974) 7. Vgl. dazu auch KRIPKE (1980) 140-4.

2.22 Mögliche Welten

Plantingas angewandte Semantik fußt auf dem Begriff der möglichen Welt. Was hat man sich nach Plantinga unter einer möglichen Welt W vorzustellen? Um das zu erklären, rekurriert Plantinga auf den Begriff des möglichen Sachverhalts. Ein *Sachverhalt* ist eine Art und Weise, wie die Dinge hätten sein können. Sachverhalte haben den ontologischen Status abstrakter Entitäten. Sie sind nach Plantingas Auffassung primitiv, d.h. nicht auf andere Entitäten zurückführbar. Plantinga muß deshalb das Verständnis des Begriffes des Sachverhalts bei seinen Lesern voraussetzen.

Es gibt Sachverhalte, die *wirklich* (actual) sind, und solche, die es nicht sind. Ein Beispiel für einen wirklichen Sachverhalt ist z.B. Alvin-Plantingas-Philosoph-Sein. Ein Beispiel für einen Sachverhalt, der nicht wirklich ist bzw. nicht besteht, ist etwa Alvin-Plantingas-Philosophin-Sein.

Sachverhalte können ferner *möglich* oder nicht möglich sein. Die letzten zwei Beispiele sind Beispiele für mögliche Sachverhalte. Beispiele für nicht mögliche Sachverhalte wären z.B. Alvin-Plantingas-mit-Überlichtgeschwindigkeit-von-Notre-Dame-nach-München-geflogen-Sein oder Alvin-Plantingas-eine-rundquadratische-Brille-tragen. Das erste Beispiel ist für Plantinga, wie wir wissen, ein Beispiel für eine kausale Unmöglichkeit, das zweite für eine logische Unmöglichkeit im weiten Sinn.[92]

Unter einer *möglichen Welt* versteht Plantinga nun einen Sachverhalt, der möglich ist im logisch weiten Sinn. Doch muß ein solcher Sachverhalt, um eine mögliche Welt sein zu können, *maximal* sein. Ein Sachverhalt S ist maximal, wenn jeder beliebige Sachverhalt S' von S entweder eingeschlossen oder ausgeschlossen wird. Dabei gelten für den Einschluß und den Ausschluß die folgenden Bestimmungen: Ein Sachverhalt S schließt einen Sachverhalt S' ein, wenn es im logisch weiten Sinn nicht möglich ist, daß S wirklich ist und S' nicht. Ein Sachverhalt S schließt einen Sachverhalt S' aus, wenn es im logisch weiten Sinn nicht möglich ist, daß beide S und S' wirklich sind. Der Einschluß kann am folgenden Beispiel illustriert werden: Der Sachverhalt Alvin-Plantingas-Autor-von-"The Nature of Necessity"-Sein schließt z.B. den Sachverhalt Alvin-Plantingas-Autor-Sein oder Alvin-Plantingas-schreiben-Können ein. Zur Illustration des Ausschlusses kann das folgende Beispiel gewählt werden: Der Sachverhalt Alvin-Plantingas-Autor-von-"The Nature of Necessity"-Sein schließt z.B. Wolfhart-Pannenbergs-Autor-von-"The Nature of Necessity"-Sein aus, aber auch den Sachverhalt Alvin-Plantingas-niemals-ein-Buch-verfaßt-Haben.[93] Kurz: Unter einer möglichen Welt versteht Plantinga

---

[92] Vgl. PLANTINGA (1974) 44.

[93] Vgl. PLANTINGA (1974) 45.

einen maximalen und somit widerspruchsfreien Sachverhalt, der möglich ist im logisch weiten Sinn.[94] Wichtig ist, daß es sich bei möglichen Welten um abstrakte Entitäten handelt.[95] Die maximale mögliche Menge von Propositionen, die in einer bestimmten Welt wahr sind und die mit den Sachverhalten, die in dieser Welt bestehen, in einer wechselseitigen Implikationsbeziehung stehen, nennt Plantinga das *Buch* über diese Welt.[96]

2.23 Existenz und Eigenschaften in möglichen Welten

In möglichen Welten existieren Objekte oder *Individuen*. Es gibt Individuen, die nur in einigen, nicht jedoch in allen möglichen Welten, d.h. notwendigerweise, existieren. Diese Individuen sind *kontingent*. Individuen solcher Art sind z.B. Alvin Plantinga oder diese Arbeit, denn beide hätten ebensogut auch nicht existieren können. Es gibt nach Plantinga aber auch *notwendige* Objekte, Objekte, die in allen möglichen Welten existieren wie z.B. die Zahl 7.[97] Weitere Beispiele für notwendige Objekte abgesehen von Zahlen sind in Plantingas Ontologie Eigenschaften, Mengen, Propositionen, Sachverhalte und Gott.[98]

Nach Plantinga *existiert* ein Objekt *x in einer Welt W* dann, wenn es nicht möglich ist, daß W wirklich ist und *x* nicht existiert. Bei dem letzten Vorkommen von 'existiert' im letzten Satz handelt es sich um den Begriff der Existenz simpliciter. Das Verständnis dieses Begriffs muß nach Plantinga bei der obigen Definition des Begriffs der Existenz in einer Welt vorausgesetzt werden. Wenn nun jemand beispielsweise behauptet, daß Alvin Plantinga in einer möglichen Welt W existiert, dann behauptet er damit nicht, daß Alvin Plantinga *tatsächlich* existiert (was stimmen würde), sondern daß Alvin Plantinga existieren würde, wenn die mögliche Welt W wirklich sein würde.[99]

Objekte haben in möglichen Welten *Eigenschaften*. Alvin Plantinga hat beispielsweise die Eigenschaft, groß zu sein. Doch es gibt sicherlich mögliche

---

[94] Es ist zu beachten, daß mögliche Welten nach Plantinga Welten sind, die möglich sind in bezug auf die wirkliche Welt, d.h. es gilt stets: WRG. Vgl. PLANTINGA (1974) 54, Anm. 1. Näheres über R folgt in 2.25.

[95] Vgl. dazu Anm. 103.

[96] Vgl. PLANTINGA (1974) 46.

[97] Vgl. PLANTINGA (1974) 46.

[98] Vgl. PLANTINGA (1979b) 262: "A necessary being is one that exists in every possible world; and only some objects - numbers, properties, pure sets, propositions, states of affairs, God - have this distinction."

[99] Vgl. PLANTINGA (1974) 47.

Welten, in denen Alvin Plantinga kleiner ist. Wenn nun jemand behauptet, daß Alvin Plantinga in einer möglichen Welt W die Eigenschaft hat, klein zu sein, dann behauptet er nach Plantinga, daß Alvin Plantinga diese Eigenschaft hätte, wenn W wirklich sein würde, und daß der Sachverhalt, der mit dieser Proposition korrespondiert, in Kraft sein würde. [100]

Nach Plantinga sind, wie wir oben erfahren haben, Propositionen und Sachverhalte notwendige Objekte. Dasselbe gilt auch für mögliche Welten, bei denen es sich um maximale Sachverhalte handelt, und für Bücher über Welten, die ja Mengen von Propositionen sind. Existenz bedeutet für notwendige Objekte wie Propositionen, Bücher und Welten: Für jedes dieser Objekte x und für jede Welt W gilt, x würde existieren, wenn W wirklich wäre. Die Menge dieser Objekte bleibt nach Plantinga von Welt zu Welt konstant, was soviel bedeutet, daß jede Welt in jeder Welt existiert und daß die Bibliothek, d.h. die Menge aller Bücher, in allen Welten dieselbe ist. Was sich ändert sind, so Plantinga, Antworten auf solche Fragen wie: Welche Proposition ist wahr? Welches Buch enthält ausschließlich wahre Propositionen? Welcher Sachverhalt besteht? Oder: Welche mögliche Welt ist wirklich? Das bedeutet, daß alle Propositionen auch dann existieren, wenn sie falsch sind, daß alle Sachverhalte auch dann existieren, wenn sie nicht bestehen, und daß alle möglichen Welten auch dann existieren, wenn sie nicht wirklich sind. [101] Zur Illustration: Die Proposition, die durch den Satz:

(11) Alvin Plantinga ist ein Philosoph

ausgedrückt wird, ist wahr. Doch es gibt sicherlich eine mögliche Welt W, in der Alvin Plantinga ein Filmstar ist. (11) wäre dann in W falsch, doch die Proposition, daß Alvin Plantinga ein Philosoph ist, würde dennoch existieren. [102]

2.24   Die wirkliche Welt und Wirklichkeit

Nach Plantinga existiert eine Unzahl möglicher Welten. Und wie wir im letzten Abschnitt gesehen haben, existiert jede von ihnen in der wirklichen Welt. Doch keine von ihnen ist wirklich (bzw. aktualisiert), nur *die wirkliche Welt* α ist es.

---

[100] Vgl. PLANTINGA (1974) 47.

[101] Vgl. PLANTINGA (1974) 47.

[102] Vgl. PLANTINGA (1974) 47.

Die wirkliche Welt α ist eine der möglichen Welten.[103] Sie hat, so Plantinga, ihnen gegenüber den Vorzug, derjenige maximale Sachverhalt zu sein, der wirklich ist.

Es kann nach Plantinga nur *genau eine* mögliche Welt geben, die wirklich ist. Wenn es nämlich zwei Welten W und W' geben könnte, die beide wirklich wären, dann würde es einen Sachverhalt S geben, der von W ein- und von W' ausgeschlossen werden müßte. Wären nun W und W' wirklich, dann würde es zu einem Widerspruch kommen, da S sowohl wirklich als auch nicht wirklich wäre. Somit kann nur eine mögliche Welt *wirklich* sein, und diese Auszeichnung kommt, so Plantinga, allein α zu. Doch alle möglichen Welten, inklusive α, sind *wirklich in sich selbst.*[104]

Für Plantinga ist es wichtig, daß sich α in signifikanter Weise von den anderen bloß möglichen Welten unterscheidet. Er verdeutlicht das an einem Beispiel, das dem folgenden ähnelt: Jemand, der leugnet, daß sich α von anderen möglichen Welten in signifikanter Weise unterscheidet, müßte z.B. behaupten, daß Alvin Plantingas Eigenschaft, der Autor von "The Nature of Necessity" zu sein, ihn nicht signifikant von anderen Menschen unterscheidet, da es für jede Person eine Unzahl möglicher Welten gibt, in denen sie Autor von "The Nature of Necessity" ist. Es gibt sicherlich eine ganze Reihe möglicher Welten, in denen z.B. Wolfhart Pannenberg "The Nature of Necessity" verfaßt hat, aber *der signifikante Unterschied* würde nach Plantinga darin liegen, daß eben Alvin Plantinga *tatsächlich* der Autor dieses Buches ist und nicht Wolfhart Pannenberg. Der Grund dafür ist einfach, daß α wirklich ist und die anderen möglichen Welten, in denen Pannenberg dieses Buch verfaßt hat, es nicht sind.

---

[103] Vgl. PLANTINGA (1974) 48. Es ist wichtig darauf hinzuweisen, daß wie die anderen möglichen Welten auch die wirkliche Welt α eine abstrakte Entität ist. Plantinga macht meines Erachtens nicht genug aufmerksam auf diesen Punkt. Das kann auch bei genauer Lektüre dazu führen, daß beim Leser der Eindruck einsteht, daß mit α die konkrete uns umgebende Welt, deren Teil wir sind, gemeint ist. In einem späteren Aufsatz weist Plantinga auf den ontologischen Status von α expliziter hin: "So α, the actual world, is an abstract object. It has no center of mass; it is neither a concrete object nor a mereological sum of concrete objects; indeed α like [the state of affairs consisting in; B.W.] *Ford's being ingenious*, has no spatial parts at all." Vgl. PLANTINGA (1979b) 258.

Ein schwerwiegenderes Versäumnis ist, denke ich, daß Plantinga an keiner einzigen Stelle von "The Nature of Necessity" (und auch soweit ich Plantingas Aufsätze zur Metaphysik kenne) das Verhältnis der abstrakten Entität α zur konkreten Welt bestimmt. Im folgenden werde ich mich mangels einer eigenen Verhältnisbestimmung Plantingas nach der recht groben Interpretation von MCMICHAEL (1983) 50 richten: "The actual world is not actual merely in the sense that it exists - all possible worlds exist - but rather in the sense that this concrete universe *corresponds* to it." Dieser Punkt verhilft einem adäquateren Verständnis der Konklusion des MOA, die die notwendige Existenz Gottes in α behauptet. Vgl. dazu 3.2.

[104] Vgl. Plantinga (1974) 48.

Dieser signifikante Unterschied wird nach Plantinga nicht dadurch beeinträchtigt, daß jede Welt in sich selbst wirklich ist.[105] Kurz: Alle möglichen Welten existieren, doch nur eine davon - α - ist aktualisiert.

2.25 Relative Möglichkeit

Aus dem modallogischen Teil dieser Arbeit ist uns die Relation R bekannt, die zwischen den Elementen W aus K besteht. Kripke hat diese formalsemantische Relation intuitiv als *Relation der relativen Möglichkeit* interpretiert, die zwischen möglichen Welten besteht.[106] Plantinga lehnt sich in seiner angewandtsemantischen Deutung von R an die informale Interpretation Kripkes an. Seiner Auffassung nach besagt der Ausdruck 'W ist möglich relativ zu W'': Die mögliche Welt W wäre möglich, wenn die mögliche Welt W' wirklich wäre. Für Sachverhalte bedeutet das, daß jeder Sachverhalt, der in der möglichen Welt W wirklich wäre, auch in der möglichen Welt W' möglich wäre. Entsprechendes gilt für Propositionen: Jede Proposition, die in W wahr wäre, würde auch in W' möglich sein.[107] Aus 1.12 ist uns bekannt, daß R in verschiedenen Systemen der Modallogik verschiedene formale Eigenschaften haben kann. Doch welches modallogische System ist nach Plantinga für die Interpretation der Modaloperatoren *L* und *M* als logische Notwendigkeit bzw. Möglichkeit im weiten Sinne (auch metaphysische oder Real-Möglichkeit genannt) am besten geeignet? - Plantinga entscheidet sich für das *System S5*, in dem R reflexiv, transitiv und symmetrisch ist.[108] Wie kommt er zu dieser Entscheidung? Plantinga eröffnet seine Argumentation mit der folgenden Frage:

> "Are there propositions, that *in fact* are possible, but would have been impossible, had things been different in some way?"[109]

---

[105] Vgl. PLANTINGA (1974) 48-9.

[106] Vgl. KRIPKE (1971) 64. Hughes und Cresswell bezeichnen R auch als Zugänglichkeits-Relation (accessibility-relation). Vgl. HUGHES/CRESSWELL (1996) 37.

[107] Vgl. PLANTINGA (1974) 51.

[108] Vgl. PLANTINGA (1974) 53-4.

[109] PLANTINGA (1974) 53.

Der Inhalt der Frage läßt sich als:

(12) $M\alpha \wedge M{\sim}M\alpha$

formalisieren. (12) ist aufgrund der Regel des L-M-Austauschs[110] äquivalent mit:

(13) $M\alpha \wedge {\sim}LM\alpha$.

Plantinga verneint (12) und damit auch (13). Er behauptet somit:

(14) ${\sim}(M\alpha \wedge {\sim}LM\alpha)$

und damit auch sein Äquivalent,[111] das S5-Axiom:

(15) $M\alpha \supset LM\alpha$.

Doch welches Argument trägt Plantinga für die Ablehnung von (13) und die Annahme von **S5** für metaphysische Argumentationen wie etwa des **MOA** vor? - Keines. Er appelliert mit einem Beispiel, das dem folgenden in etwa entspricht, an unsere modalen Intuitionen: Die Proposition, die durch den Satz:

(16) Alvin Plantinga hat nie philosophiert

ausgedrückt wird, ist in α falsch, aber sie ist sicherlich möglicherweise wahr. Plantinga fragt nun, ob eine derartige Proposition hätte unmöglich sein können. Seine Antwort: Der Satz, der diese Proposition ausdrückt, hätte eine unmögliche Proposition ausdrücken können, die Proposition selbst hätte jedoch nicht unmöglich sein können.[112]

Plantinga formuliert die Frage, mit der er seine Argumentation eröffnet hat, noch einmal anders, indem er sich anstatt auf Propositionen auf Sachverhalte bezieht: Kann es Sachverhalte geben, die in α die Eigenschaft haben, in anderen möglichen Welten wirklich zu sein - wie etwa der Sachverhalt, der mit (16) korrespondiert -, die aber in anderen Welten die Eigenschaft, in anderen möglichen Welten wirklich zu sein, nicht haben?[113]

---

[110] Vgl. dazu Anm. 19.

[111] Die verwendete aussagenlogische Tautologie ${\sim}(p \wedge {\sim}q) \equiv (p \supset q)$ findet sich z.B. in QUINE (1995a) 39.

[112] Vgl. PLANTINGA (1974) 53.

[113] Vgl. PLANTINGA (1974) 54.

Auch hier verzichtet Plantinga auf ein Argument. Ich möchte seine Antwort auf diese Frage aufgrund ihrer Bedeutung für unsere Analyse des MOA in voller Länge zitieren:

"Again, I think that there are no such states of affairs. I think, *we can see* that

[17] If a state of affairs is possible, then it is necessarily possible; that is, possible with respect to every possible world.

But then immediately follows that

[18]   Every possible world is possible with respect to every possible world.

It also follows that

[19] Any state of affairs possible with respect to at least one possible world, is possible with respect to every possible world.

For let S be a state of affairs possible with respect to some possible world W; and let W* be any other possible world. There must be a possible world W' such that W' is possible with respect to W and such that S holds in W'. But W' is a possible world; hence by [18] it is possible with respect to *every* possible world; accordingly it is possible with respect to W*. But then S is possible with respect to W*; [114] [19], therefore, is true. And of course from [19] follows that [20] Every world possible with respect to at least one world is possible with respect to every world.

Since this is so, we may forgo further mention of the relation of relative possibility and speak simply of possibility as such." [115]

- Ende des Zitats und Ende des Abschnittes über die Relation der relativen Möglichkeit R, in dem Plantinga seine Leser davon überzeugen wollte, daß S5 das angemessene modallogische System für das Argumentieren mit dem Begriff der logischen Notwendigkeit bzw. Möglichkeit im weiten Sinn ist. Das Zitat zeigt, denke ich, daß Plantinga kein Argument zugunsten der Akzeptanz von S5

---

[114]   Vgl. dazu Anm. 94.

[115]   PLANTINGA (1974) 54. Die Numerierung und die Gliederung im Zitat stammt von mir.

als des angemessenen Systems für die Formalisierung im weiten Sinne logischer Modalität vorträgt und sich mit einem intuitiven Postulat begnügt. Meines Erachtens paraphrasiert Plantinga hier lediglich die Grundannahmen von S5, die uns aus dem modallogischen Teil der Arbeit gut bekannt sind, mit metaphysischem Vokabular.[116] Mit unseren Kenntnissen aus diesem Teil können wir uns leicht davon überzeugen: Bei [17] handelt es sich um eine Paraphrase des S5-Axioms $M\alpha \supset LM\alpha$ in bezug auf mögliche Sachverhalte. [19] liefert keine Information, die über [17] hinausgeht.[117] [18] erinnert uns lediglich daran, daß es sich bei R in S5 um eine Äquivalenzrelation handelt. [20] ist wie [17] eine Paraphrase von **S5** mit dem Unterschied, daß es sich auf mögliche Welten bezieht. Bei dem Text zwischen [19] und [20] handelt es sich um einen informalen Beweis von [19]. Und der letzte Satz des Zitats erinnert uns eigentlich nur daran, daß wir das, woran uns [18] erinnert, in S5 (aufgrund von $[\Phi \ MS5]^{118}$) wieder vergessen können.

Ich denke, daß sich in dieser Weise für die Gültigkeit des S5-Axioms argumentieren läßt, nicht aber für die Auffassung, daß das System S5 für das Argumentieren mit im weiten Sinn logischer Modalität angemessen ist. Dafür bedarf es eines substantiellen metaphysischen Arguments. Ein solches bleibt uns Plantinga schuldig.[119] Die Argumentation für die Annahme von [17] (bzw. [19]), das wir im folgenden *Invarianz-Prinzip* nennen wollen, scheint mir deshalb unzureichend gestützt zu sein.[120] Ein Argument für dieses Prinzip, das für die Gültigkeit und für die Stichhaltigkeit des MOA unverzichtbar ist, wäre sicherlich wünschenswert. In 3.423 werde ich die negativen Konsequenzen der Annahme von S5 für das MOA demonstrieren, die in dem hier gewünschten Argument für die Adäquatheit von S5 für das MOA und für das Schließen mit

---

[116] Dieselbe Beobachtung macht bereits QUINN (1982) 449: "In short Plantingas metaphysical principles express interpretations of the characteristic axiom of S5 and of the equivalence relation in the formal models of S5."

[117] Dabei gilt natürlich auch: Wenn ein Sachverhalt in mindestens einer Welt unmöglich ist, dann ist er in allen möglichen Welten unmöglich. Vgl. PLANTINGA (1974) 63.

[118] Vgl. dazu 1.12.

[119] Daß sich in dieser Weise (etwa für die Gegenposition) argumentieren läßt, zeigen z.B. CHANDLER (1976) oder SALMON (1989).

[120] Zu einer ähnlichen Einschätzung kommt QUINN (1982) 450: "Since [17] is merely an interpreted version of the characteristic axiom of S5, this does not appear to be much of an argument for the claim that S5 correctly formalizes the logic of metaphysical necessity [= broadly logical necessity]. But perhaps no better argument can be made." Es sollte darauf hingewiesen werden, daß der überwiegende Teil der Modaltheoretiker (vgl. u.a. LOUX (1979a) 27-8, FORBES (1985) 17-8 und CHIHARA (1998) 20) metaphysische Modalität mit S5 formalisieren. Gegen die Adäquatheit von S5 für metaphysische Modalitäten argumentieren z.B. CHANDLER (1976) und darauf aufbauend SALMON (1989).

im weiten Sinne logischen bzw. metaphysischen Modalitäten berücksichtigt werden müßten. In 3.42 werden wir uns ausführlich mit dem Invarianz-Prinzip befassen.

2.26 Wahrheit

Eine Proposition ist in der wirklichen Welt α wahr, wenn sie wahr ist (Wahrheit simpliciter), und eine Proposition ist wahr in einer möglichen Welt W, wenn sie wahr sein würde, falls W wirklich wäre.[121]

Plantinga unterscheidet die *Wahrheit* (simpliciter) von *Wahrheit-in-α*. Dieser Unterschied läßt sich wie folgt erklären. Die Proposition, die durch den Satz:

(21)   Alvin Plantinga ist ein Philosoph

ausgedrückt wird, ist in der wirklichen Welt *wahr*. Da sie nun in der wirklichen Welt α wahr ist, ist (21) auch *wahr-in-α*. (21) schließt ferner den Sachverhalt ein, der in Alvin-Plantingas-Philosoph-Sein besteht. Da α nun ihrerseits diesen Sachverhalt einschließt und dieser die Proposition (21) impliziert, impliziert α also auch (21). Nach Plantinga folgt daraus, daß es notwendig wahr ist, daß (21) wahr-in-α ist, d.h., daß es in jeder möglichen Welt W wahr ist, daß (21) wahr-in-α ist.[122]

Wahrheit muß nach Plantinga von Wahrheit in der wirklichen Welt, d.h. von Wahrheit-in-α, sorgfältig unterschieden werden. Es kann durchaus eine mögliche Welt W* geben, in der (21) nicht wahr ist, in der Alvin Plantinga z.B. ein Filmstar ist, dennoch würde in W* wahr sein, daß (21) wahr-in-α ist. Der Unterschied liegt im folgenden: *Wahrheit* ist eine kontingente Eigenschaft von Propositionen, die jede kontingente Proposition, wie etwa (21), in der einen möglichen Welt hat und in der anderen nicht. *Wahrheit-in-α* hingegen ist eine notwendige Eigenschaft von Propositionen, die eine Proposition in jeder Welt hat, wenn sie diese Eigenschaft in mindestens einer möglichen Welt hat. Somit sind Propositionen der Form *p ist wahr-in-α* bzw. *p ist wahr-in-W* nicht-kontingent, und d.h., daß sie entweder notwendigerweise wahr oder notwendigerweise falsch sind.[123]

---

[121]   Vgl. PLANTINGA (1974) 46.

[122]   Das ist offensichtlich eine Konsequenz der Annahme des Invarianz-Prinzips.

[123]   Vgl. PLANTINGA (1974) 55.

2.27 Notwendige und kontingente Wahrheiten

Bei einer notwendigen Wahrheit handelt es sich um eine Proposition, die notwendigerweise wahr ist. Eine Proposition ist notwendigerweise wahr, wenn sie in allen möglichen Welten (im Sinne von S5) wahr ist.[124] Und eine Proposition ist kontingenterweise wahr, wenn sie in einer möglichen Welt wahr ist. In bezug auf Sachverhalte formuliert: 'Es ist notwendig, daß p' ist wahr genau dann, wenn jede mögliche Welt den Sachverhalt beinhaltet, mit dem p korrespondiert. Und 'Es ist möglich, daß p' ist genau dann wahr, wenn es zumindest eine mögliche Welt gibt, die den Sachverhalt beinhaltet, der p entspricht.

2.28 Essentielle Eigenschaften

Plantinga stellt drei Alternativen für die Charakterisierung der essentiellen Attribution vor, d.h. der Zuordnung einer essentiellen Eigenschaft ϕ an ein Individuum x. Ein *Individuum x hat die Eigenschaft ϕ essentiell genau dann, wenn*:

(22) x hat ϕ in allen möglichen Welten   oder

(22) x hat ϕ in allen möglichen Welten, in denen x existiert   oder

(24) x hat ϕ und es gibt keine mögliche Welt, in der x das Komplement von ϕ d.h. -ϕ hat.[125]

Plantinga entscheidet sich für die Versionen (23) und (24). Diese Entscheidung ist eine Konsequenz des von ihm vertretenen *ernsten Aktualismus*, demzufolge ein Individuum in einer möglichen Welt nur dann eine Eigenschaft haben kann, wenn es darin auch existiert. (Ich werde auf Plantingas Argumentation für den ernsten Aktualismus in 2.211 ausführlicher eingehen.) Die beiden Versionen (23) und (24) sind unter der Voraussetzung des Aktualismus *äquivalent*: Wenn ein bestimmtes Individuum x (z.B. Alvin Plantinga) die Eigenschaft ϕ (z.B. der Selbstidentität) in allen möglichen Welten hat, in denen es existiert, dann gibt es keine mögliche Welt, in welcher er das *Komplement* von ϕ, nämlich -ϕ hat. (Ein Individuum hat das Komplement -ϕ einer bestimmten Eigenschaft ϕ, wenn es sie nicht exemplifiziert.) Umgekehrt, wenn es keine mögliche Welt gibt, in

---

[124] Vgl. PLANTINGA (1974) 55.

[125] Vgl. PLANTINGA (1974) 56.

der das Individuum x das Komplement von ϕ hat, dann ist jede mögliche Welt, in der es existiert, eine, in der es ϕ hat; dabei geht Plantinga davon aus, daß für jede Eigenschaft ϕ und jede mögliche Welt W, in der das Individuum x existiert, x entweder ϕ in W hat oder aber -ϕ.[126]

Diese Äquivalenz wird aufgehoben, wenn man sich für (22) entscheidet und damit die *possibilistische* Auffassung vertritt, wonach ein bestimmtes Individuum x in einer möglichen Welt W, in der es nicht existiert, Eigenschaften haben kann.[127] Die Inadäquatheit von (22) wird nach Plantinga deutlich, wenn man von der ernst-aktualistischen These ausgeht, nach der ein Individuum in einer Welt nur dann Eigenschaften haben kann, wenn es darin existiert. Angenommen man setzt in (22) für x den Namen 'Alvin Plantinga' ein, der sich auf ein kontingentes Individuum bezieht und für ϕ z.B. 'Selbst-Identität'. In diesem Fall müßte Alvin Plantinga die (essentielle) Eigenschaft, mit sich selbst identisch zu sein, abgesprochen werden, da er als kontingentes Individuum nicht in allen möglichen Welten existiert und deshalb in vielen Welten die Eigenschaft, mit sich selbst identisch zu sein, nicht haben würde. Wäre (22) wahr, dann könnten ausschließlich notwendige Individuen, die in allen möglichen Welten existieren, wie Zahlen oder Propositionen den Vorzug haben, essentielle Eigenschaften besitzen zu können.[128]

Fassen wir Plantingas Charakterisierung einer adäquaten essentiellen Attribution zusammen: Ein Individuum x hat eine Eigenschaft ϕ essentiell genau dann, wenn x in jeder Welt, in der es existiert, ϕ hat oder alternativ genau dann, wenn es keine mögliche Welt gibt, in welcher x das Komplement von ϕ hat. In beiden Fällen wird im Sinne des ernsten Aktualismus vorausgesetzt, daß Individuen in Welten, in welchen sie nicht existieren, keine Eigenschaften haben.

Plantinga unterscheidet mehrere *Arten von essentiellen Eigenschaften*, die ein Individuum haben kann.[129] Ein Individuum kann einerseits trivialessentielle Eigenschaften haben, d.h. Eigenschaften, die es mit allen anderen Individuen teilt, z.B. mit sich selbst identisch zu sein oder zu existieren.[130] Ein Individuum kann andererseits auch Eigenschaften essentiell

---

[126] Vgl. PLANTINGA (1974) 56.

[127] Mehr dazu in 2.211.

[128] Vgl. PLANTINGA (1974) 56.

[129] Vgl. PLANTINGA (1974) 60-1.

[130] Die essentielle Eigenschaft der *Existenz* darf nach Plantinga nicht mit der Eigenschaft der *notwendigen Existenz* verwechselt werden. Die erste hat jedes Individuum in jeder möglichen Welt, in der es existiert, und deshalb auch essentiell. Die zweite hat ein Individuum nur dann, wenn es in allen möglichen Welten existiert, z.B. die Zahl 12 oder Gott. Vgl. PLANTINGA (1974) 61.

haben, die nicht alle Individuen besitzen. Solche nicht-trivialessentiellen Eigenschaften sind z.B. die (personalen) Eigenschaften, keine Zahl zu sein, oder ein geistbegabtes Wesen zu sein. Auch eine Eigenschaft wie etwa die, identisch mit Alvin Plantinga zu sein, ist eine nicht-triviale essentielle Eigenschaft.[131] Auf diese Sorte von Eigenschaft werden wir in 2.210 zurückkommen.

2.29 Welt-relativierte Eigenschaften

Die Eigenschaft, groß zu sein, ist eine *akzidentielle Eigenschaft* von Alvin Plantinga. Es gibt somit mögliche Welten, in denen Alvin Plantinga nicht groß, sondern klein ist. Wenn nun W* eine mögliche Welt ist, in der er die Eigenschaft, groß zu sein, nicht hat, dann hat er darin dennoch die Eigenschaft, groß-in-α zu sein. Letztere Eigenschaft ist eine *welt-relativierte Eigenschaft*.[132] Plantinga charakterisiert diesen Begriff folgendermaßen:[133]

(25) Eine Eigenschaft ϕ ist eine welt-relativierte Eigenschaft genau dann, wenn entweder:

(a) es gibt eine Eigenschaft χ und eine Welt W, so daß für jedes Individuum x und jede Welt W* gilt: x hat ϕ in W* genau dann, wenn x existiert in W* und W schließt den Sachverhalt ein, der darin besteht, daß x die Eigenschaft χ hat;

oder:

(b) ϕ ist das Komplement einer welt-relativierten Eigenschaft.

Ich möchte Plantingas Charakterisierung lediglich anhand von Alternative (25a) illustrieren: Sei ϕ die welt-relativierte Eigenschaft, groß-in-α zu sein. χ sei die nichtindizierte Eigenschaft, groß zu sein. W sei die wirkliche Welt α. x sei das Individuum Alvin Plantinga. Und W* sei eine mögliche Welt, in der Alvin Plantinga nicht groß, sondern klein ist. Das Individuum Alvin Plantinga hat nun die welt-relativierte Eigenschaft, groß-in-α zu sein in der möglichen Welt W* genau dann, wenn - so will es der noch zu behandelnde ernste Aktualismus (2.211) - Alvin Plantinga darin existiert und die wirkliche Welt α den Sachverhalt Alvin-Plantingas-groß-Sein einschließt. Die welt-relativierte Eigenschaft, groß-in-α zu sein, ist eine essentielle Eigenschaft. Um das zu

---

[131] Vgl. PLANTINGA (1974) 62.

[132] Die Übersetzung von 'world-indexed property' mit 'welt-relativierte Eigenschaft' habe ich von Christoph Jäger übernommen. Vgl. JÄGER (1998) 116.

[133] Vgl. PLANTINGA (1974) 63.

zeigen, greift Plantinga auf das uns aus 2.25 bekannte *Invarianz-Prinzip* zurück. Wenn eine mögliche Welt W den Sachverhalt χ-Sein-von-*x* in mindestens einer möglichen Welt einschließt, dann schließt W diesen Sachverhalt in jeder möglichen Welt ein. Da nun in unserem Beispiel α den Sachverhalt Alvin-Plantingas-groß-Sein einschließt, schließt α somit den Sachverhalt Alvin-Plantingas-groß-Sein in jeder möglichen Welt ein. Somit hat das Individuum Alvin Plantinga in jeder möglichen Welt, in der es existiert, die Eigenschaft, groß-in-α zu sein. Das aber heißt, daß letztere eine essentielle Eigenschaft dieses Individuums ist. Nach Plantinga sind alle welt-relativierten Eigenschaften eines Individuums somit essentiell.[134] Welt-relativierte Eigenschaften spielen für das Verständnis der Prämissen des MOA eine wichtige Rolle. Sie werden uns in 3.41 wiederbegegnen.

2.210 Essenzen

In "The Nature of Necessity" formuliert Alvin Plantinga mehrere äquivalente Charakterisierungen von Essenz. Ich möchte mich auf die Version beschränken, die meiner Ansicht nach für die Analyse des MOA die geeignetste ist. Eine *Essenz* eines bestimmten Individuums ist eine Eigenschaft, die dieses Individuum erstens essentiell hat, und zweitens eine Eigenschaft, die in keiner möglichen Welt von einem anderen Individuum besessen werden kann. Präzise lautet die Formulierung Plantingas wie folgt:

(26) E ist eine Essenz genau dann, wenn es eine Welt W gibt, in welcher ein
      Individuum *x* existiert, das
      (a)   E essentiell hat
      und
      (b)   so geartet ist, daß es keine Welt W* gibt, in welcher ein
            Individuum existiert, das verschieden ist von *x* und E besitzt.[135]

Die zweite Bedingung besagt offenbar, daß es sich bei Plantingas Essenzbegriff um den der *individuellen Essenz* handelt, d.h. um eine Eigenschaft, die ausschließlich diesem bestimmten Individuum zukommt und sonst keinem. Essenzen individuieren somit Individuen.[136]

Von Bedeutung für das MOA ist nun, daß eine Essenz eines bestimmten

---

[134] Vgl. PLANTINGA (1974) 63.

[135] Vgl. PLANTINGA (1974) 72.

[136] Vgl. PLANTINGA (1974) 70.

Individuums nach (26) jede *essentielle Eigenschaft* dieses Individuums *impliziert*. Plantinga demonstriert das an einem Beispiel, das dem folgenden entspricht: Wiederum soll uns Alvin Plantinga als Beispiel für ein Individuum dienen. Sei E eine Essenz von ihm, ϕ sei eine seiner Eigenschaften, die essentiell für ihn ist, und W sei eine mögliche Welt, in der E durch ein Individuum x instantiiert ist. Das Individuum x muß aufgrund der zweiten Bedingung von (26) in W identisch mit Alvin Plantinga sein, da es danach keine mögliche Welt geben kann, in welcher ein Individuum existiert, das von Alvin Plantinga verschieden ist und eine Essenz von ihm besitzt. Da x und Alvin Plantinga identisch sind, muß - wenn das Leibnizsche Gesetz[137] angenommen wird - x somit in W jede Eigenschaft besitzen, die Alvin Plantinga in W hat. Da die Eigenschaft ϕ nun eine essentielle Eigenschaft von Alvin Plantinga ist, muß er sie in allen möglichen Welten, in denen er existiert, haben, also auch in W. D.h., x hat ϕ in W. Nach Plantinga kann es daher in keiner möglichen Welt ein Individuum geben, das E hat, aber nicht ϕ.[138] Essenzen implizieren somit alle essentiellen Eigenschaften der Individuen, von denen sie exemplifiziert werden.

Halten wir fest: Eine Essenz ist eine essentielle Eigenschaft eines Individuums, die ausschließlich diesem Individuum zukommt (es somit individuiert) und die jede seiner essentiellen Eigenschaften impliziert.

Dabei ist zu beachten, daß es sich bei welt-relativierten Eigenschaften eines Individuums um dessen essentielle Eigenschaften handelt. Somit *implizieren* Essenzen *welt-relativierte Eigenschaften*. D.h., jede Essenz eines bestimmten Individuums impliziert für jede mögliche Welt W und Eigenschaft ϕ (z.B. die Eigenschaft, eine Person zu sein) entweder die welt-relativierte Eigenschaft, ϕ-in-W zu haben, oder ihr Komplement, -ϕ-in-W zu haben.[139]

Was aber ist eine Essenz von z.B. Alvin Plantinga? Es ist z.B. *Alvin-Plantinga-heit*, d.h. die Eigenschaft, Alvin Plantinga zu sein, bzw. die Eigenschaft, identisch mit Alvin Plantinga zu sein. Ein Individuum exemplifiziert demnach Alvin-Plantinga-heit genau dann, wenn es identisch ist mit Alvin Plantinga.[140] Diese Essenz impliziert z.B. eine trivial-essentielle Eigenschaft von Alvin Plantinga wie etwa Selbst-Identität oder eine nicht-

---

[137] Eine Formulierung dieses Gesetzes, das auch das Gesetz der Ununterscheidbarkeit von Identischen genannt wird, findet sich z.B. in PLANTINGA (1974) 15: "For any property P and any objects x and y, if x is identical with y, then x has P if and only if y has P."

[138] Vgl. PLANTINGA (1974) 73.

[139] Vgl. PLANTINGA (1974) 73.

[140] Vgl. PLANTINGA (1974) 71-2 und PLANTINGA (1979b) 262.

trivialessentielle Eigenschaft wie die welt-relativierte Eigenschaft, Person-in-α zu sein.[141]

2.211 Aktualismus und ernster Aktualismus

Im Abschnitt über die wirkliche Welt (2.24) haben wir gesehen, daß mögliche Welten zwar existieren, aber nicht aktualisiert bzw. wirklich sind. Nur eine mögliche Welt ist aktualisiert, und das ist die wirkliche Welt α. Wie steht es aber um Objekte, die in möglichen, aber nicht wirklichen Welten existieren? Kann es mögliche Objekte geben, die nicht existieren?[142]

Die formale Semantik Kripkes, die mit variablen Individuenbereichen und welt-sensitiven Quantoren arbeitet, schließt das, wie wir in 1.24 gesehen haben, nicht aus, da sie den Fall zuläßt, daß es eine mögliche Welt W geben kann, in der ein Objekt existiert, das sich von allen Objekten, die in der wirklichen Welt α existieren, unterscheidet. Das würde bedeuten, daß der Individuenbereich $\Psi(W)$ von W nicht identisch wäre mit dem Individuenbereich $\Psi(\alpha)$ der wirklichen Welt α. Da die Vereinigungsmenge aller Individuenbereiche U auch $\Psi(W)$ umfaßt, würde somit auch in der Menge aller möglichen Individuen ein Objekt existieren, das in der wirklichen Welt nicht existiert. Die Menge aller möglichen Individuen wäre somit nicht identisch mit der der wirklich existierenden, d.h. $\Psi(\alpha) \neq U$. Somit läßt die Kripke-Semantik mögliche Welten zu, die Individuen enthalten, die tatsächlich, d.h. in α, nicht existieren, z.B. Pegasus.[143]

---

[141] Ein Hinweis am Rande: Essenzen spielen eine wesentliche Rolle in Plantingas Theorie der Eigennamen. Eigennamen drücken Essenzen aus. Der Name 'Sokrates' drückt z.B. die Eigenschaft 'identisch mit Sokrates sein' aus, die eine Essenz des Sokrates ist. Vgl. PLANTINGA (1974) 80. Plantinga hat seine Theorie modifizieren müssen. Vgl. PLANTINGA (1985) 85-7. Doch brauchen wir das in unserem Zusammenhang nicht weiter zu verfolgen.

[142] Vgl. Plantinga (1974) 132.

[143] Vgl. dazu PLANTINGA (1974) 128-31 und PLANTINGA (1979b) 256. Kripke hat im An-hang zu "Naming and Necessity" die folgenden informalen Ausführungen aus den "Semantical Considerations on Modal Logic", die die Annahme von possibilia nahegelegt haben, korrigiert: "Notice, of course, that $\psi(H)$ need not be the same set for all arguments W, just as, intuitively, in worlds other than the real one, some actually existing individuals may be absent, while new individuals, like Pegasus, may appear." Sowie: "are we to assign a truth value to the substitution instance 'Sherlock Holmes is bald'? Holmes does not exist, but in other states of affairs he would have existed" Vgl. KRIPKE (1971) 65. Kripkes Korrektur lautet: "I thus could no longer write, as I once did, that 'Holmes does not exist, but in other states of affairs he would have existed'. The quoted assertion gives the erroneus impression that a fictional name such as 'Holmes' names a particular possible-but-not-actual individual. The point was, that in

Hier stellt sich nun eine wichtige Frage: Muß deshalb darauf geschlossen werden, daß es Individuen gibt, die nicht existiere, d.h. *possibilia*? Plantinga ver-neint diese Frage: Individuen, die nicht (wirklich) existieren, gibt es nicht und kann es nicht geben. Seiner Auffassung nach existieren nur wirkliche bzw. aktuale Individuen (und nicht nur die aktualisierten). Das aber bedeutet, daß die Menge aller möglichen Individuen U, identisch ist mit der Menge der Individuen, die in der wirklichen Welt α existieren, d.h. $\Psi(\alpha) = U$.[144] Diese Auffassung weist Plantinga als einen Vertreter des *Aktualismus* aus.[145]

Da der Aktualismus die ontologische Basis für Plantingas MOA bildet, wollen wir Plantingas Argumentation dafür etwas ausführlicher betrachten. Im folgenden werde ich ein Argument, das nach Plantinga oftmals gegen den Aktualismus ins Feld geführt wird referieren, sowie Plantingas Entgegnung darauf. Das *klassische Argument* der Gegner des Aktualismus sieht nach Plantinga wie folgt aus:

(27)   Es gibt singuläre negative Existenzpropositionen.

(28)   Einige singuläre negative Existenzpropositionen sind möglicherweise wahr.

(29)   Eine mögliche Welt, in der eine singuläre Proposition wahr ist, ist eine Welt, in der es ein solches Ding wie ihr Subjekt gibt oder in der ihr Subjekt existiert.

Folglich:

---

other possible worlds 'some actually existing individuals may be absent while new individuals like Pegasus may appear."' Vgl. KRIPKE (1980) 158. Plantinga weist auf diese Korrektur Kripkes ausführlich hin; vgl. PLANTINGA (1974) 129.

[144]   Diese Gleichung läßt sich meines Erachtens den folgenden Zitaten entnehmen: "Of course the Canonical Scheme [d.h. die Kripke-Semantik; B.W.] does not as such tell us that there are some objects that do not exist; for perhaps $\Psi(\alpha)$, the domain of the actual world coincides with U." Vgl. PLANTINGA (1979b) 256. Der Individuenbereich "of any possible world W, from the actualist perspective, is a subset of $\Psi(\alpha)$. Since there are no objects distinct from those that exist in α, $\Psi(W)$ cannot contain an object distinct of each that exists in α." Vgl. PLANTINGA (1979b) 268. Die Legitimität dieser Gleichung wird, denke ich, zusätzlich durch das folgende Zitat gestützt: "According to the actualist, the class of objects - cardinality problems aside - that exist in some world or other is identical with the class of objects that exist in α, the actual world." Vgl. PLANTINGA (1985) 92.

[145]   Der Name 'Aktualismus' findet sich noch nicht in "The Nature of Necessity". Plantinga führt diese Bezeichnung in seinem Aufsatz "De Essentia" mit Rückbezug auf "The Nature of Necessity" ein: "Actualism, as I shall construe it, is the doctrine that there neither are nor cuold have been nonexistent objects. ... According to actualism, therefore, [i] Necessarily there are no objects that do not exist." Vgl. PLANTINGA (1979c) 108.

(30) Es gibt oder es hätte Individuen geben können, die nicht existieren.[146]

Zur Illustration das folgende Beispiel: *Pegasus existiert nicht* ist eine singuläre negative Existenzproposition. *Pegasus existiert nicht* ist möglicherweise wahr. Es gibt somit eine mögliche Welt W, in der *Pegasus existiert nicht* wahr ist. Da nach (29) eine mögliche Welt, in der eine singuläre Proposition wahr ist, eine Welt ist, in der ihr Subjekt existiert, existiert folglich in W mit Pegasus ein Individuum, das nicht (wirklich) existiert. Es gibt somit possibilia.

Plantinga unterschreibt (27) und (28). Er versucht, das Argument zu entkräften, indem er in (29), dem von ihm sogenannten *Ontologischen Prinzip*,[147] eine Mehrdeutigkeit aufdeckt. Diese Mehrdeutigkeit kann nach Plantinga dazu verleiten, die Wahrheit der Konklusion (30) und damit die Existenz von possibilia zu akzeptieren. Das Ontologische Prinzip (29) arbeitet mit *singulären Propositionen*. Diese müssen nach Plantinga aber in zwei Arten unterteilt werden: in prädikative einerseits und imprädikative andererseits.[148] Eine *prädikative* singuläre Proposition prädiziert von ihrem Subjekt eine Eigenschaft. Ein Beispiel dafür wäre:

(31) Sokrates war stupsnasig.[149]

Eine *imprädikative* singuläre Proposition hingegen verneint von ihrem Subjekt eine Eigenschaft.[150] Bei der Angabe eines Beispiels für eine solche Proposition sollte man, so Plantinga, vorsichtig sein, denn der Satz:

(32) Sokrates war nicht stupsnasig,

der einem prompt in den Sinn kommen könnte, ist mehrdeutig. Das wird deutlich, wenn man sich an die *de re / de dicto* Untescheidung aus 1.23 erinnert. Der Satz (39) drückt, wenn er *de re* gelesen wird, eine andere Proposition aus, als wenn er *de dicto* gelesen wird. Die *de re* Lesart lautet:

(32') Sokrates war nichtstupsnasig,

---

[146] Vgl. PLANTINGA (1974) 149.

[147] Das Ontologische Prinzip (29) besagt mit anderen Worten: "there cannot be propositions about what in no sense has being." Vgl. PLANTINGA (1974) 136.

[148] Vgl. PLANTINGA (1974) 149.

[149] Vgl. PLANTINGA (1974) 149.

[150] Vgl. PLANTINGA (1974) 149.

die *de dicto* Version lautet:

(32'') Es ist falsch, daß Sokrates stupsnasig war.

Nach Plantinga handelt es sich bei imprädikativen singulären Propositionen im eigentlichen Sinn um Propositionen *de dicto*, die wie etwa (32") die Falschheit einer Proposition behaupten. [151]

Diese Analyse des Begriffs der singulären Proposition erlaubt es Plantinga, das Ontologische Prinzip zu revidieren. Seine Revision besteht in der Einschränkung seines Geltungsbereichs auf prädikative singuläre Propositionen. Plantingas *eingeschränktes Ontologisches Prinzip* lautet:

(33) Eine mögliche Welt, in der eine prädikative singuläre Proposition wahr ist, ist eine Welt, in welcher ihr Subjekt existiert. [152]

Bei (33) handelt es sich um eine Kurzformel des von Plantinga vertretenen *ernsten Aktualismus*. Dieser besagt mit anderen Worten, daß kein Individuum in einer möglichen Welt, in der es nicht existiert, eine Eigenschaft haben kann. [153] Da auch Existenz nach Plantinga eine Eigenschaft ist, kann ein Individuum in einer Welt, in der es nicht existiert, keine Eigenschaften haben, nicht einmal die Eigenschaft der Nichtexistenz. [154]

Seine Argumentation für die Wahrheit von (33) läuft ungefähr wie folgt: (33) ist wahr, denn eine mögliche Welt, in der es eine wahre prädikative singuläre Proposition gibt, ist eine Welt, in der ihr Subjekt, ein bestimmtes Individuum, die eine oder andere Eigenschaft hat. Und wäre diese mögliche Welt wirklich, dann würde es diese Eigenschaft haben. - Denn wie könnte ein bestimmtes Individuum eine Eigenschaft haben, wenn es nicht existieren würde? Wie könnte beispielsweise Sokrates stupsnasig sein, wenn er nicht existieren würde? [155]

Die Argumentation für die Wahrheit des eingeschränkten Ontologischen Prinzips ist somit ein Appell an unsere ontologischen Intuitionen und besteht

---

[151]   Vgl. PLANTINGA (1974) 150.

[152]   Vgl. PLANTINGA (1974) 150. 152.

[153]   Der Name 'ernster Aktualismus' findet sich ebenso wie 'Aktualismus' noch nicht in "The Nature of Necessity" sondern erst in "De Essentia": "According to serious actualism, no object has properties in a world in which it does not exist." Vgl. PLANTINGA (1979c) 109. "It is a corollary of actualism, however, that [ii] An object x has a property P in a world W only if x exists in W." Vgl. PLANTINGA (1979c) 108. Ich denke, daß (33) [ii] im wesentlichen entspricht.

[154]   Vgl. PLANTINGA (1974) 152.

[155]   Vgl. PLANTINGA (1974) 150.

genaugenommen in einer rhetorischen Frage. Bei diesem Prinzip, das intuitiv annehmbar erscheint, handelt es sich um eine wichtige Voraussetzung für die Formulierung des MOA. Wir werden darauf am Ende dieses Abschnitts noch einmal zurückkommen.

Nach der Analyse des Begriffs der singulären Proposition wendet Plantinga seine dadurch gewonnene Unterscheidung zwischen prädikativen und imprädikativen singulären Propositionen auf *negative singuläre Existenzpropositionen* an, die in den Prämissen (27) und (28) des klassischen Arguments gegen den Aktualismus enthalten sind. Die singuläre negative Existenzproposition:

(34)   Pegasus existiert nicht

kann der obigen Unterscheidung zufolge als:

(34') Es ist falsch, daß Pegasus die Eigenschaft der Existenz hat

oder als:

(34") Pegasus hat die Eigenschaft der Nichtexistenz

gelesen werden. Bei (34') handelt es sich um eine imprädikative singuläre Existenzaussage, bei (34") um eine prädikative. Nach Plantinga ist (34') möglicherweise falsch und (34") notwendigerweise falsch. Letztere ist notwendigerweise falsch, da es in einer möglichen Welt, in der (34") falsch wäre, ein Individuum gäbe, das nicht existiert. Das aber ist - nach dem eingeschränkten Ontologischen Prinzip bzw. nach dem ernsten Aktualismus (33) - ein logischer Widerspruch, da kein Ding, das nicht existiert, die Eigenschaft hat zu existieren. Pegasus existiert folglich notwendigerweise nicht. Die Konklusion des klassischen Arguments (30), die die Existenz von possibilia behauptet, ist somit - das zeigt das obige Argument exemplarisch an Pegasus - notwendigerweise falsch.[156]

Die Unterscheidung zwischen prädikativen und imprädikativen Existenzpropositionen macht einen Rückblick auf die zweite Prämisse des klassischen Arguments sinnvoll:

(28)   Einige singuläre negative Existenzpropositionen sind möglicherweise wahr.

---

[156] Vgl. PLANTINGA (1974) 151. Ich habe Plantingas Beispiel leicht abgewandelt.

(28) kann aufgrund der notwendigen Falschheit von prädikativen Propositionen wie etwa (34") nur dann wahr sein, wenn die singulären Existenzpropositionen in (28) imprädikativ sind. (28) müßte nach Plantinga somit wie folgt umformuliert werden:

> (28') Einige imprädikative singuläre negative Existenzpropositionen der Form: Es ist falsch, daß das Individuum x die Eigenschaft ϕ hat, sind möglicherweise wahr.

Nur im Sinne von (28') könnte es nach Plantinga möglicherweise wahre negative singuläre Existenzpropositionen geben.[157]

Plantingas Antwort auf die zu Beginn dieses Abschnitts gestellte Frage, ob es aufgrund der Tatsache, daß einige mögliche Welten Individuen enthalten, die in α nicht existieren, geschlossen werden müsse, daß es Individuen gebe, die nicht existierten, ist negativ. Das klassische Argument kann entkräftet werden, wenn man mit Plantinga (28) so interpretiert, daß die darin vorkommenden negativen singulären Existenzaussagen imprädikativ verstanden werden und wenn das Ontologische Prinzip (29) im Sinne des ernsten Aktualismus gemäß (33) verstanden wird. Es gibt keine Individuen, die nicht wirklich existent sind.

Plantinga geht bei der Formulierung seines *MOA* von seinem Aktualismus aus, der es ihm verbietet, die Existenz von Entitäten zu akzeptieren, die nicht in Wirklichkeit bzw. in der Realität existieren. Das MOA fällt Plantingas Ansicht nach deshalb auch nicht der Kritik Kants zum Opfer. Sein Lehrsatz, Existenz sei kein reales Prädikat oder keine reale Eigenschaft, wird, so Plantinga, nur für (anselmianische) Formulierungen des ontologischen Arguments relevant, die in etwa der folgenden entsprechen: Es wird erstens davon ausgegangen, daß es ein größtmögliches Wesen geben könne, das möglich sei, auch wenn es nicht existiere. Dieses Wesen wird als 'das Wesen, derart, daß es nicht möglich ist, daß es eines gibt, das größer ist' bezeichnet. Es wird zweitens eine ad absurdum zu führende prädikative Ausgangsprämisse wie die folgende aufgestellt: 'das Wesen, derart, daß es nicht möglich ist, daß es eines gibt, das größer ist' *hat die Eigenschaft der Nichtexistenz.* Das Argument fährt fort mit der Behauptung, daß dieses possibilie, wenn es existieren würde, größer wäre als es als possibile ist. Was auf die Absurdität hinausläuft, daß es ein Wesen gibt, das größer ist als das größtmögliche Wesen.[158] Da Plantinga aber die Existenz von possibilia verwirft, kann seiner Auffassung nach die prädikative Ausgangsprämisse nicht kohärent als singuläre Proposition formuliert werden, es sei denn, man ist bereits der Überzeugung, daß ein solches possibile existiert.

---

[157] Vgl. PLANTINGA (1974) 151.

[158] Vgl. PLANTINGA (1974) 211.

Formuliert man die Ausgangsprämisse adäquat als imprädikative Proposition der Form *Es ist falsch, daß* 'das Wesen, derart, daß es nicht möglich ist, daß es eines gibt, das größer ist' *existiert*, dann ist kein Individuum vorhanden, von dem man behaupten könne, es wäre größer, wenn es existieren würde.[159]

Anders als Argumente der obigen Form, die von der Annahme eines größtmöglichen possibile ausgehen und behaupten, es wäre größer, wenn ihm die Eigenschaft der Existenz zukäme, wird nach Plantingas Auffassung Kants dictum für sein aktualistisches MOA, das von der Exemplifizierbarkeit der Eigenschaft der unüberbietbaren Größe ausgeht und nicht eines nichtexistenten possibile, nicht relevant.

Auch wenn Plantinga die Existenz nicht wirklicher Entitäten verneint, bestreitet er damit keineswegs, daß in einer möglichen Welt W* Individuen existieren können, die in α nicht existieren, z.B. Pegasus. Er behauptet damit lediglich die Existenz *unexemplifizierter Essenzen* - wie etwa der Pegasusheit - in der möglichen Welt W* und behauptet, daß, wenn W* wirklich wäre, die Essenz Pegasusheit, die in α nicht exemplifiziert ist, durch ein Individuum x exemplifiziert sein würde. Es gibt für den Aktualisten Plantinga somit keine Individuen, die nicht - wirklich - existieren, sondern stattdessen unexemplifizierte Essenzen.[160]

---

[159] Vgl. PLANTINGA (1974) 212.

[160] Vgl. PLANTINGA (1985) 92. Die Annahme von Essenzen hat Plantinga zu einer Uminterpretation des Individuenbereichs einer Möglichen Welt $\Psi(W)$ und des Individuenbereichs aller möglichen Individuen U bewogen. Im Gegensatz zur Kripke-Semantik spricht Plantinga statt von Individuenbereichen von *Essenzenbereichen*. Die Menge $\Psi_E(W)$ ist nach Plantinga die Menge aller Essenzen, die in der möglichen Welt W exemplifiziert sind. U_E ist die Vereinigungsmenge der Essenzenbereiche $\Psi_E(W)$ für alle möglichen Welten W, d.h. die Menge aller individuellen Essenzen. Ähnlich wie es Eigenschaften geben kann, die unexemplifiziert sein können, kann es nach Plantinga auch unexemplifizierte Essenzen geben. Auch diese sind in U_E enthalten. Das bedeutet, daß Plantinga, der als Aktualist in bezug auf Individuenbereiche die Ungleichung $\Psi(\alpha) \neq U$ ablehnen mußte, im Falle der Essenzenbereiche die Ungleichung $\Psi_E(\alpha) \neq U_E$ akzeptieren kann. Vgl. PLANTINGA (1979b) 268-9.

3   Analyse des modalen ontologischen Arguments

Zu Beginn des dritten Kapitels möchte ich kurz auf seine Gliederung eingehen. In 3.1 werde ich zur Einführung in die Thematik modaler ontologischer Argumente die Kritik Plantingas an einer Vorläuferversion des MOA referieren und im Anschluß daran in 3.2 die "Victorious Version" des modalen ontologischen Arguments vorstellen. Die eigentliche Analyse des MOA besteht aus 3.3 und 3.4. Im erstgenannten Abschnitt werde ich unter Zuhilfenahme der modalen Aussagenlogik (aus 1.11) die logische Gültigkeit des MOA überprüfen. Im letzteren Abschnitt werde ich, auf die Erörterungen zur Modalmetaphysik aus dem letzten Kapitel zurückgreifend, die Prämissen und die Stichhaltigkeit des MOA diskutieren.

3.1   Plantingas Kritik an einer Vorläuferversion des MOA

Charles Hartshorne und Norman Malcolm haben in Anselms Proslogion zwei verschiedene Versionen des ontologischen Arguments gefunden: eine erste, in der Anselm nach ihrer Auffassung *Existenz simpliciter* als vollkommen bzw. groß machende Eigenschaft betrachtet und eine zweite, die Vorläuferversion des MOA, in der Anselm *notwendige Existenz* als groß machende Eigenschaft ansieht.[161]

Plantinga erläutert die zweite Version Anselms am folgenden Beispiel: In unserer wirklichen Welt α existieren zwei Individuen a und b. Die beiden Individuen unterscheiden sich dadurch, daß a nicht nur in α existiert, sondern auch in allen anderen möglichen Welten, wohingegen b nur in α existiert. Anselm geht nach Plantinga in der zweiten Version seines Arguments zu recht davon aus, daß die Eigenschaft der notwendigen Existenz eine notwendige, aber keine hinreichende Bedingung für die Exemplifikation des höchsten Grades an Größe darstellt.[162]

Plantingas Rekonstruktion des Arguments aus Proslogion 3 sieht folgendermaßen aus: Angenommen, in einer möglichen Welt W* existiert ein Individuum, das die Eigenschaft der *maximalen Größe* hat. Nun kann ein Individuum nur dann maximal groß in W* sein, wenn es darin die Eigenschaft der *notwendigen Existenz* hat und somit in allen möglichen Welten existiert.

---

[161]   Nach Malcolm findet sich das erste Argument in Proslogion 2 und das zweite in Proslogion 3. Vgl. MALCOLM (1960) 41.45.

[162]   Vgl. PLANTINGA (1974) 212.

Aus diesen beiden Annahmen folgt, daß in W* eine Essenz exemplifiziert ist, die die Eigenschaft der notwendigen Existenz, d.h. der Existenz in allen möglichen Welten, impliziert. Daraus folgt, daß es in W* unmöglich ist, daß diese Essenz nicht exemplifiziert ist. Und da nach der von Plantinga zugrunde gelegten Modallogik S5 das, was unmöglich ist, in allen möglichen Welten unmöglich ist, ist diese Essenz in allen möglichen Welten - α eingeschlossen - exemplifiziert. Die Konklusion dieser anselmianischen Version lautet dann: Ein maximal großes Individuum existiert notwendigerweise.[163]

Plantinga erblickt in diesem Argument ein *Manko*. Das Argument zeigt seiner Ansicht nach lediglich, daß *nur* in W* eine Essenz exemplifiziert sei, die die welt-relativierte Eigenschaft der maximalen Größe-in-W* impliziere. Doch die Essenz impliziere nicht die welt-relativierte Eigenschaft der maximalen Größe-in-α. Das Argument zeigt nur, so Plantinga, daß in allen möglichen Welten ein Wesen existiere, das nur in W*, jedoch nicht in anderen möglichen Welten, maximal groß sei. Somit räumt es nach Plantinga die Möglichkeit nicht aus dem Wege, daß dieses Wesen, obgleich es in α existiert, darin nur mäßige Eigenschaften haben könne.

Plantinga hält die Konklusion dieses Arguments für theologisch inadäquat. Der Grund:

> "Those who worship God do not think of him as a being that happens to be of surpassing excellence in this world but who in some other worlds is powerless or uninformed or of dubious moral character."[164]

Die Größe Gottes darf nach Plantinga somit nicht nur von seiner notwendigen Existenz und von seinen Eigenschaften in einer beliebigen möglichen Welt wie etwa W* abhängen, sondern sie muß auch von den Eigenschaften abhängen, die er in allen möglichen Welten hat.

---

[163] Vgl. PLANTINGA (1974) 213.

[164] PLANTINGA (1974) 214. Plantinga lehnt sich mit dieser Auffassung an FINDLAY (1948) an.

3.2 Plantingas MOA

Mit seinem MOA versucht Plantinga, das Manko der anselmianischen Version zu beheben. Zu diesem Zweck führt er eine für das MOA wesentliche *Unterscheidung* ein. Hatte Anselm nach der Rekonstruktion Plantingas die Eigenschaften der notwendigen Existenz und der maximalen Größe unterschieden, so unterscheidet Plantinga in den beiden Fassungen seines MOA nun zwischen der Eigenschaft der Vortrefflichkeit und der Eigenschaft der Größe. Die *Vortrefflichkeit* eines Individuums in einer möglichen Welt, z.B. in W*, hängt von den Eigenschaften ab, die dieses Individuum in W* hat.[165] Die Eigenschaft der *Größe* eines Individuums in einer möglichen Welt wie W* hingegen hängt für Plantinga nicht nur von der Vortrefflichkeit dieses Individuums in W* ab, sondern auch von seiner Vortrefflichkeit in anderen Welten. Ein Individuum kann nach Plantingas kürzerer Version des MOA, die Gegenstand unserer Analyse sein wird, den höchsten Grad an Größe, d.h. die Eigenschaft der *unüberbietbaren Größe*, deshalb nur dann erreichen, wenn es *in allen möglichen Welten maximal vortrefflich* ist.[166]

Was aber geschieht im MOA mit der Eigenschaft der *notwendigen Existenz*? - Diese wird als groß machende Eigenschaft überflüssig. Der Grund ist einfach: Nach dem *Aktualismus* Plantingas kann weder Existenz noch notwendige Existenz als groß machende Eigenschaft betrachtet werden, da eine solche Auffassung implizieren würde, daß es possibilia, d.h. Entitäten, die nicht existieren, geben könnte. Dazu kommt, daß nach dem *ernsten Aktualismus*, den Plantinga ebenfalls vertritt, ein Individuum in Welten, in denen es nicht existiert, überhaupt keine Eigenschaften und somit auch keine groß machenden haben kann. Wenn ein Individuum deshalb die Eigenschaft, in einer Welt maximal vortrefflich zu sein, haben soll, dann muß es in dieser Welt die Eigenschaft der Existenz bereits haben, und wenn es die Eigenschaft der unüberbietbaren Größe exemplifizieren soll, dann muß es die Eigenschaft der

---

[165]   Diese Eigenschaft ist offenbar äquivalent mit der Eigenschaft der maximalen Größe in Plantingas Rekonstruktion des Arguments aus Proslogion 3.

[166]   Plantinga formuliert wie erwähnt zwei Versionen des MOA. Nach Plantinga ist die zweite Version des MOA "similar but simpler" (vgl. PLANTINGA (1974) 216). Der wesentliche Unterschied liegt meines Erachtens darin, daß in der ersten Version von der Eigenschaft der *maximalen Größe* die Rede ist, die die Eigenschaft der maximalen Vortrefflichkeit in allen möglichen Welten *impliziert* (vgl. Prämisse (34) in PLANTINGA (1974) 214), wohingegen in der zweiten Fassung des Arguments die Eigenschaft der *unüberbietbaren Größe* eingeführt wird, die anders als die Eigenschaft der maximalen Größe *äquivalent* ist mit der Eigenschaft der maximalen Vortrefflichkeit (vgl. Prämisse (43) in PLANTINGA (1974) 216). In unserer Analyse werden wir die zweite Version des MOA untersuchen und bei der Interpretation ihrer Prämissen auf die erste Version zurückgreifen.

notwendigen Existenz bereits mitbringen. Existenz und notwendige Existenz sind somit nach Plantingas aktualistischer Metaphysik notwendige Bedingungen für Vollkommenheit, aber keine großmachenden Eigenschaften wie in der anselmianischen Vorläuferversion des MOA.[167]

Kommen wir, nachdem wir diese Innovation Plantingas kennengelernt haben, zu Plantingas MOA selbst. Das MOA lautet in der zweiten Fassung folgendermaßen:

"Let us say, that *unsurpassable greatness* is equivalent to *maximal excellence in every possible world*. Then

[1] There is a possible world in which unsurpassable greatness is exemplified.

[2] The proposition *a thing has unsurpassable greatness if and only if it has maximal excellence in every possible world* is necessarily true.

[3] The proposition *whatever has maximal excellence is omnipotent, omniscient, and morally perfect* is necessarily true.

Now here we should notice the following interesting fact about properties. Some, like *is a human person*, are instantiated in some but not all worlds. On the other hand, however, there are such properties as *is a person in every world*. By the principle that

[4] what is necessary or impossible does not vary from world to world, this property cannot be instantiated in some worlds but not in others. Either it is instantiated in *every* world or it is not instantiated at all. Using the term 'universal property' in a way slightly different from the way we used it before,[168] we might say, that

[D₂] P is a universal property if and only if P is instantiated in *every* possible world or in *no* world.

But clearly the property *possesses unsurpassable greatness* is universal in this sense, for this property is equivalent to the property of having maximal excellence in every world; since the latter is universal so is the former. From [1] and [2], therefore, it

---

[167]   Vgl. PLANTINGA (1974) 214. Vgl. dazu das Ende von 2.211.

[168]   Die erste Formulierung lautete: "A property is a universal property if and only if it is impossible that there be an object that has P in one world and -P in some other world. Clearly enough, world-indexed properties will be universal." Vgl. PLANTINGA (1974) 206-7.

follows that

[K] *Possesses unsurpassable greatness* is instantiated in every world.

But if so, it is instantiated in this world; hence

[K'] there actually exists a being who is omnipotent, omniscient, and morally perfect and who exists and has these properties in every world."[169]

"[K''] This being is God."[170]

"... if it is even possible that God, so thought of, exists, then it is true and necessarily true that he does"[171]

Nach Plantinga ist das MOA gültig (valid) und stichhaltig (sound). Er betrachtet es jedoch nicht als "a successful piece of natural theology."[172] Der Grund: Die natürliche Theologie

"typically draws its premisses from the stock of propositions accepted by nearly every sane man, or perhaps nearly every rational man. So, for example, each of St. Thomas's Five Ways begins by appealing to a premiss few would be willing to contest: such propositions as that some things are in motion; or that things change; or that there are contingent beings. [MOA; B.W.] is not of this sort; a sane and rational man who thought it through and understood it might none the less reject it."[173]

Plantinga beansprucht für seine beiden Versionen des modalen ontologischen Arguments nicht, daß sie die Existenz Gottes beweisen, sondern nur, daß sie die Überzeugung, daß Gott existiert, rational rechtfertigen:

---

[169] PLANTINGA (1974) 216. Die Gliederung des Textes und die Numerierung stammt von mir.

[170] PLANTINGA (1974) 216. Dieses Zitat entstammt der vorangehenden längeren Fassung des MOA.

[171] PLANTINGA (1974) 216.

[172] PLANTINGA (1974) 219.

[173] PLANTINGA (1974) 219-20.

"They cannot, perhaps, be said to *prove* or *establish* their conclusion. But since it is rational to accept their central premiss, they do show that it is rational to *accept* that conclusion."[174]

Plantingas *Anspruch an das MOA* ist, wie es die beiden Zitate nahelegen, moderat. Das MOA zeigt demnach, daß es rational ist, die Wahrheit der Konklusion [K] zu behaupten, falls es rational ist, die *Hauptprämisse* [1][175] zu akzeptieren. Und das ist nach Plantinga vermutlich alles, was ein solches Argument leisten kann.[176]

Im Rest des Kapitels möchte ich versuchen zu zeigen, daß es aus verschiedenen Gründen nicht vernünftig ist, die Wahrheit von Prämisse [1] des MOA zu behaupten, und daß das MOA nicht als stichhaltiges Argument für die theistische Grundüberzeugung, daß Gott existiert, betrachtet werden kann. Das MOA wäre stichhaltig (sound), wenn einerseits der Schluß von den Prämissen auf die Konklusion gültig (valid) wäre und wenn andererseits die Prämissen zudem als wahr akzeptiert werden könnten.[177] In 3.3 werden wir die Gültigkeit des MOA überprüfen. Anschließend werden wir in 3.4 die Prämissen und die Stichhaltigkeit des MOA diskutieren.

---

[174] Vgl. PLANTINGA (1974) 221.

[175] Ab 3.412 werden wir uns mit "Hauptprämisse" vorwiegend auf [1*] MLq beziehen, also auf eine Einsetzungsinstanz von [1], die durch die Annahme von Prämisse [2] $L(p \equiv Lq)$ ermöglicht wird. Zur Formalisierung dieser Prämissen siehe Seite 56. Zur Kritik an [2] siehe 3.414.

[176] Vgl. PLANTINGA (1974) 221.

[177] Zur Definition der Stichhaltigkeit eines Arguments (soundness) vgl. z.B. HAACK (1978) 250: "An argument is sound if (i) it is valid and (ii) its premises, and hence, its conclusion, are true." Die logische (bzw. syntaktische) Gültigkeit eines Arguments definiert Haack in folgender Weise: "A formal argument is syntactically valid-in-L iff its conclusion follows from its premises and the axioms of L, if any, by means of the rules of inference of L." Vgl. HAACK (1978) 251.

3.3 Die Gültigkeit des MOA

Um die logische Gültigkeit des MOA zu überprüfen, wollen wir das Argument zunächst im Rahmen der modalen Aussagenlogik (aus 1.11) formalisieren.

Interpretation der Propositionenvariablen:

p :   Es existiert ein unüberbietbar großes Wesen.

q :   Es existiert ein maximal vortreffliches Wesen.

r :   Es existiert ein allmächtiges, allwissendes und moralisch vollkommenes Wesen.

Formalisierung des MOA innerhalb der modalen Aussagenlogik:

Prämisse [1]	Mp
Prämisse [2]	$L(p \equiv Lq)$
Prämisse [3]	$L(q \supset r)$
Prämisse [4]	Zugrundelegung des Systems S5[178]
Konklusion [K]	Lq
Konklusion [K']	r

Nun wollen wir die logische Gültigkeit des MOA einschließlich der zweiten Konklusion [K'] in der modalen Aussagenlogik S5 überprüfen. Das Argument ist logisch (bzw. syntaktisch) gültig, wenn seine Konklusionen [K] und [K'] aus seinen Prämissen und den Axiomen der Modallogik S5 mittels ihrer Transformationsregeln folgen würden.[179] Das ist meines Erachtens der Fall:[180]

---

[178] Zur der Annahme, daß Plantingas MOA das System S5 zugrunde liegt, vgl. 3.421.

[179] Zur Definition der logischen bzw. syntaktischen Gültigkeit siehe Anm. 177.

[180] Die Ableitung stammt von mir. Vgl. dazu die allgemein für modale logische Argumente formulierten Ableitungen in KANE (1984) 339, LEFTOW (1988) 77 und LÖFFLER (1994) 910.

(1)	Mp	[Prämisse 1]
(2)	$L(p \equiv Lq)$	[Prämisse 2]
(3)	$L(p \equiv Lq) \supset (Mp \equiv MLq)$	[Instanz des Theorems $L(\alpha \equiv \beta) \supset (M\alpha \equiv M\beta)^{181}$]
(4)	$Mp \equiv MLq$	[(2), (3) X MP]
(5)	$Mp \supset MLq$	[(4) X PC]
(6)	MLq	[(1), (5) X MP]
(7)	$MLq \supset Lq$	[Instanz des S5-Theorems $ML\alpha \supset L\alpha^{182}$]
(8)	Lq	[(6), (7) X MP]
(9)	$Lq \supset q$	[Instanz von **M**; vgl. 1.11]
(10)	q	[(8), (9) X MP]
(11)	$L(q \supset r)$	[Prämisse 3]
(12)	$L(q \supset r) \supset (Lq \supset Lr)$	[Instanz von **K**; vgl. 1.11]
(13)	$Lq \supset Lr$	[(11), (12) X MP]
(14)	Lr	[(8), (13) X MP]
(15)	$Lr \supset r$	[Instanz von **M**]
(16)	r	[(14), (15) X MP].

Die entscheidenden Schritte sind (1) - (8). Das Beweisziel [K] ist mit (8) erreicht, da nach [2] Lq mit p äquivalent ist. Auch die zweite Konklusion [K'] folgt mit der Annahme von Prämisse [3] logisch gültig aus den Prämissen.

3.4   Die Stichhaltigkeit des MOA

Im letzten Abschnitt haben wir uns davon überzeugen können, daß das MOA logisch gültig ist. Nun wollen wir prüfen, ob es auch als stichhaltig betrachtet werden kann. Nach Plantinga ist [1] die neuralgische Prämisse des MOA:

> "The only question of interest, it seems to me, is whether its main premiss - that indeed unsurpassable greatness is possibly exemplified, that there is an essence entailing unsurpassable greatness - is *true*."[183]

---

[181] Vgl. CHELLAS (1980) 122; Aufgabe 4.7 Theorem (*f*). Dieses Theorem ist gültig in K und somit auch in M, B, S4 und S5. Vgl. CHELLAS (1980) 113-21.

[182] Vgl. den Beweis von R2a in 1.11.

[183] PLANTINGA (1974) 217.

(Im folgenden werde ich mich auf die (individuelle) Essenz, die die Eigenschaft der unüberbietbaren Größe impliziert, mit Plantingas Symbol 'E*' beziehen.) Wenn wir die Annahme von [1] als vernünftig betrachten, dann können wir, so Plantinga, auch die Annahme der Konklusion des MOA als rational betrachten:

> "... since it is rational to accept [its] central premiss, [it shows] that it is rational to *accept* that conclusion."[184]

Wenn wir [1] akzeptieren, dann vertreten wir damit auch die Auffassung, daß es rational ist, auf der Grundlage des MOA der Überzeugung zu sein, daß ein unüberbietbar großes Wesen und somit Gott existiert. Die obigen Zitate legen es nahe anzunehmen, daß die übrigen Prämissen für die Stichhaltigkeit des MOA keine weitere Rolle spielen. Das aber ist meines Erachtens nicht der Fall, da das MOA nicht stichhaltig werden könnte, wenn alle Prämissen außer [1] falsch wären. Auch die übrigen Prämissen sollten deshalb untersucht werden.

Kurz zum Inhalt dieses Abschnitts: In 3.41 werde ich die Prämissen [1], [2], die Definition [D$_2$] sowie Prämisse [3] diskutieren. Ich werde die Unüberbietbarkeits-Prämisse [1] (zunächst) akzeptieren und ein Prinzip einführen, das eine Vorentscheidung zugunsten des apriorischen Theismus bzw. zugunsten des apriorischen Atheismus verhindern soll. Ich werde in 3.414 dafür argumentieren, daß die Vortrefflichkeits-Prämisse [2] abgelehnt werden sollte, da sie meiner Auffassung nach nicht ohne eine petitio principii und nicht ohne einen Widerspruch zur Invarianz-Prämisse [4] angenommen werden kann. Auch die Annahme von [3] werde ich in Zweifel ziehen, da ihre Annahme die Akzeptanz von zwei problematischen versteckten Prämissen voraussetzt, die im Rahmen der Metaphysik Plantingas ad hoc wirken und theistisch motiviert sind. Das zweite Enthymem bedarf zudem einer argumentativen Begründung, wenn das MOA nicht zu einer polytheistischen Konklusion führen soll. In 3.42 werde ich mich mit der Invarianz-Prämisse [4], und d.h. mit der Logik des MOA beschäftigen. Dabei werde ich die logische Unverzichtbarkeit der Modallogik S5 für die Stichhaltigkeit des MOA sowie die ontologische Inadäquatheit dieses Systems für das MOA herauszustellen versuchen. Im Hinblick auf 3.44 werde ich in 3.43 den metaphysischen Möglichkeitsbegriff des MOA gegen den epistemischen Begriff der Denk-Möglichkeit abgrenzen. Auf den Resultaten der Abschnitte 3.42 und 3.43 aufbauend werde ich in 3.44 ein epistemisches Argument konstruieren, das meiner Auffassung nach zeigt, daß das MOA für Subjekte, die mit gewöhnlichen kognitiven Fähigkeiten wie den unseren ausgestattet sind, nicht stichhaltig werden kann.

---

184 PLANTINGA (1974) 221; die Änderungen im Zitat stammen von mir.

3.41 Die Prämissen des MOA

3.411 Die Unüberbietbarkeits-Prämisse [1]

Gehen wir davon aus, daß erstens der Begriff der Möglichkeit im logisch weiten Sinn problemlos akzeptiert werden kann,[185] daß zweitens [1], insofern diese Prämisse logisch widerspruchsfrei ist, im logisch weiten Sinn möglich ist, und nehmen wir drittens an, daß uns die übrigen Prämissen unbekannt sind. Stellen wir uns nun die folgende Frage: Kann man die Unüberbietbarkeits-Prämisse:

[1] There is a possible world in which unsurpassable greatness is exemplified. (= Mp)

verneinen, ohne damit zugleich zu behaupten, daß es unmöglich ist, daß die Essenz E*, die *unüberbietbare Größe* impliziert, durch ein Individuum exemplifiziert werden kann? Nein. Denn würde jemand die Unüberbietbarkeits-Prämisse verneinen und damit die Wahrheit von:

(17) $\sim Mp$ (= $L\sim p$)

behaupten, dann würde er die Position eines *apriorischen Atheisten* vertreten, der die Möglichkeit der Existenz eines unüberbietbar großen Wesens prinzipiell bestreitet. Der Versuch, einen apriorischen Atheisten argumentativ von der Rationalität der Annahme der Existenz Gottes zu überzeugen, ist von vornherein zum Scheitern verurteilt, da er der Wahrheit der Negation von (17) grundsätzlich nicht zustimmt und damit einem Argument für die Existenz Gottes die Ausgangsprämisse entzieht. Im gleichen Maße wäre auch ein Argument gegen die Existenz eines unüberbietbar großen Wesens obsolet, wenn wir die Position eines *apriorischen Theisten* einnehmen und behaupten würden, daß es nicht möglich sei, daß kein unüberbietbar großes Wesen existiere, d.h. daß:

(18) $\sim M\sim p$ (= Lp)

wahr sei.[186] Beide Positionen sind gleichermaßen immun gegen philosophisch-theologische Argumente. Es steht uns aber eine Möglichkeit offen, unvoreingenommen über die Existenz Gottes zu diskutieren, wenn wir der Alternative

---

[185] Für das Gegenteil dieser Annahme spricht sich z.B. QUINE (1995c) 157 aus: "Verwirft man, wie ich es tue, bereits den Gedanken der metaphysischen Notwendigkeit selbst als gehaltlos, ist das [ontologische; B.W.] Argument nämlich schon vom Tisch."

[186] Vgl. LÖFFLER (1994) 911.

zustimmen, daß Gott - wie es [1] in anderen Worten zum Ausdruck bringt - möglicherweise existiert, d.h. daß:

(19) Mp

wahr ist, aber auch, daß er möglicherweise nicht existiert, d.h., daß:

(20) $M{\sim}p$ $(= {\sim}Lp)$

wahr ist. Wenn wir mit unserem aufgrund der Unkenntnis der übrigen Prämissen noch eingeschränkten Informationsstand gleich zu Beginn des Arguments (17) und (18) bejahen und (19) und (20) verneinen, dann begehen wir von vornherein eine petitio principii, die entweder die Wahrheit des apriorischen Theismus oder Atheismus voraussetzt.[187] Wenn wir an einer unvoreingenommenen Auseinandersetzung mit dem MOA interessiert sind, können wir daher der Wahrheit der Unüberbietbarkeits-Prämisse [1] zustimmen und dürfen sie nicht im Sinne von (17) leugnen, sondern nur im Sinne von (20) in Frage stellen. Wir sollten deshalb das folgende Prinzip, das ich "Unparteilichkeitsprinzip" nennen möchte, akzeptieren:

(U) $Mp \wedge M{\sim}p$.

Sehen wir nun, worauf wir uns mit der Akzeptanz von [1] festlegen. Wenn wir annehmen, daß die Eigenschaft der unüberbietbaren Größe möglicherweise exemplifiziert ist, dann behaupten wir damit, daß es eine mögliche Welt W* gibt und eine Essenz E*, die in W* exemplifiziert ist, und daß E* die welt-relativierte Eigenschaft, unüberbietbare-Größe-in-W* zu haben impliziert. W* ist aber eine bloß mögliche Welt, die nicht wirklich ist. Wäre W* wirklich, dann wäre die Essenz E* durch ein Individuum x exemplifiziert, das unüberbietbar groß wäre.[188] Prämisse [1] scheint bedenkenlos akzeptiert werden zu können.

---

[187] Vgl. LÖFFLER (1994) 912 und DALFERTH (1992) 219. Die Bezeichnung dieser Form des Theismus bzw. Atheismus als apriorisch bzw. als aposteriorisch habe ich von Winfried Löffler übernommen.

[188] Vgl. PLANTINGA (1974) 215.

3.412 Die Vortrefflichkeits-Prämisse [2]

Prämisse [2] folgt aus der Definition der Eigenschaft der unüberbietbaren Größe:

[2]   The proposition *a thing has unsurpassable greatness if and only if it has maximal excellence in every possible world* is necessarily true.

Wir können [2] entnehmen, daß die Eigenschaft der unüberbietbaren Größe äquivalent ist mit der Eigenschaft der *maximalen Vortrefflichkeit in allen möglichen Welten*. Formal läßt sich diese Äquivalenz, wie wir in 3.3 gesehen haben, folgendermaßen darstellen:

[2] $L(p \equiv Lq)$.

Wäre W* nun wirklich, dann würde E* durch ein Individuum x exemplifiziert sein, das unüberbietbar groß wäre und damit auch in jeder einzelnen möglichen Welt maximal vortrefflich. Das heißt aber, daß, wenn W* wirklich wäre, E* durch ein Individuum exemplifiziert sein würde, das in jeder einzelnen möglichen Welt W die welt-relativierte Eigenschaft, maximale-Vortrefflichkeit-in-W zu haben, hätte. Nun implizieren nach Plantinga Essenzen alle welt-relativierten Eigenschaften und deshalb impliziert die Essenz E* jede welt-relativierte Eigenschaft von x.[189] Wenn W* wirklich wäre, würde E* nicht nur für jede einzelne mögliche Welt W die welt-relativierte Eigenschaft hat-maximale-Vortrefflichkeit-in-W implizieren, sondern auch die Eigenschaft hat-maximale-Vortrefflichkeit-in-allen-W.[190] Somit wäre die folgende Proposition wahr, wenn W* wirklich wäre:

(21)   Notwendigerweise: Wenn ein Individuum x die Essenz E* exemplifiziert (die unüberbietbare Größe impliziert), dann exemplifiziert x die Eigenschaft, maximale-Vortrefflichkeit-in-allen-W zu haben.[191]

---

[189]   Siehe 2.110.

[190]   Vgl. PLANTINGA (1974) 215. Diese Eigenschaft ist, denke ich, äquivalent der Eigenschaft, maximale-Vortrefflichkeit-in-K zu haben, wobei sich K, wie wir aus dem modallogischen Abschnitt 1.12 wissen, auf die Menge aller möglichen Welten - das Universum - bezieht. Ich werde bei der Diskussion der Universaleigenschaft-Definition [D$_2$] in 3.413 auf diese Art von Eigenschaften zurückkommen.

[191]   Vgl. PLANTINGA (1974) 215.

Da nun nach [2] *p* äquivalent ist mit *Lq*, kann die folgende Einsetzungsinstanz der Unüberbietbarkeits-Prämisse [1] formuliert werden:

[1*]   *MLq*.

Wir werden uns im folgenden auf [1*] mit "Hauptprämisse" beziehen.

Was lernen wir aus der Vortrefflichkeits-Prämisse [2] nun dazu, was wir aus der Unüberbietbarkeits-Prämisse [1] nicht erfahren haben? Wir lernen, denke ich, in erster Linie, daß die Essenz E*, die in W* exemplifiziert ist, nicht nur in W*, sondern in allen möglichen Welten W und deshalb notwendigerweise exemplifiziert ist. Somit kann sowohl die Eigenschaft hat-unüberbietbare-Größe-in-W* als auch die Eigenschaft hat-maximale-Vortrefflichkeit-in-allen-W nur von einem *notwendigerweise existierenden Individuum* exemplifiziert werden.[192] Das ist eine sehr starke Bedingung für die Exemplifikation von unüberbietbarer Größe. Sie lautet: Wenn W* wirklich in kraft wäre, dann würde E* durch ein Individuum *x* exemplifiziert werden, das in allen möglichen Welten - *α* eingeschlossen - existieren würde und die Eigenschaft hätte, maximal vortrefflich zu sein.

Prämisse [2] und die daraus erschlossene Existenzbedingung entsprechen in etwa der klassischen *theistischen Konvention*, der zufolge Gott, falls er existiert, notwendigerweise existiert (und dann nicht nicht existieren kann). Hartshorne hat diese Existenzbedingung für Gott "Anselms Prinzip" genannt. Es lautet (wobei 'g' für 'Gott existiert' stehe):[193]

$L(g \supset Lg).$

Die Vortrefflichkeits-Prämisse [2] hat ihre Tücken. Ich werde versuchen, sie in 3.414 herauszustellen. Zuvor sollten wir jedoch noch einen Blick auf eine Definition werfen, die Aufschluß darüber gibt, welcher Art die Eigenschaften, von denen in [1] und [2] die Rede ist, angehören.

---

[192]   Wir sollten uns an dieser Stelle an unsere Feststellung aus 3.1 erinnern, daß notwendige Existenz eine notwendige, aber keine hinreichende Bedingung für die Exemplifizierbarkeit unüberbietbarer Größe ist. Vgl. PLANTINGA (1974) 214.

[193]   Vgl. dazu HARTSHORNE (1965) 97 und LÖFFLER (1994) 908.

3.413 Die Universaleigenschaft-Definition [D2]

Mit der Definition:

> [D_2] P is a universal property if and only if P is instantiated in *every* possible world or in *no* world.

macht Plantinga deutlich, um was für eine Sorte von Eigenschaften es sich bei unüberbietbarer Größe bzw. bei maximaler Vortrefflichkeit in allen möglichen Welten handelt. Beides sind Universaleigenschaften.[194] Formal läßt sich [D_2] folgendermaßen darstellen (wobei *u* für 'Eine Universaleigenschaft ist exemplifiziert' steht):

$$[D_2] \quad Lu \vee \sim\! Mu \quad (= L\!\sim\! u \vee Lu).^{195}$$

Eine Universaleigenschaft ist demnach nur dann eine solche, wenn sie in allen möglichen Welten exemplifiziert werden kann oder aber überhaupt nicht. Die Definition [D_2] macht deutlich, wie stark die beiden von E* implizierten Universaleigenschaften eigentlich sind, da sie eine kontingente Exemplifikation nicht zulassen. Wenn wir in [D_2] für *u* unser vertrautes *p* (mit der Bedeutung 'Unüberbietbare Größe ist exemplifiziert') einsetzen, dann erhalten wir:

$$(22) \quad L\!\sim\! p \vee Lp.$$

(22) besagt: Entweder ist unüberbietbare Größe in keiner möglichen Welt exemplifiziert oder aber in allen möglichen Welten. Unüberbietbare Größe ist somit stärker als eine lediglich welt-relativierte Eigenschaft der Form ϕ-in-W*-haben. Unüberbietbare Größe ist offensichtlich eine *universum-relativierte Eigenschaft* und hat die Form ϕ–in-K-haben (wobei sich K, wie wir aus 1.12 wissen, auf die Menge aller möglichen Welten bezieht).[196] Das bedeutet nicht nur, daß unüberbietbare Größe von einem notwendigen Individuum *x* exemplifiziert werden muß, sondern auch, daß *x in allen möglichen Welten, in denen es existiert, diese Eigenschaft exemplifizieren* muß. Es wird somit ausgeschlossen, daß es z.B. eine Welt W** geben kann, in der *x* zwar existiert,

---

[194] Vgl. PLANTINGA (1974) 216.

[195] Unsere Formalisierung von [D_2] entspricht dem "Kontingenzausschluß" Winfried Löfflers. Vgl. LÖFFLER (1994) 907. Ich fasse das "oder" mit LÖFFLER (1994) 911 als exklusives "oder" auf. Die Formalisierung von [D_2] lautet präziser: $Lu \vee \sim\! Mu \wedge \sim (Lu \wedge \sim\! Mu)$.

[196] Vgl. dazu SENNETT (1991) 73.

aber nicht unüberbietbar groß ist. *x* muß in allen Welten existieren *und* darin notwendigerweise unüberbietbare Größe exemplifizieren.[197]

3.414 Die Vortrefflichkeits-Prämisse [2] und das Unparteilichkeitsprinzip (U)

In diesem Abschnitt werde ich zwei Argumente formulieren, die dafür sprechen, daß Prämisse [2] nicht akzeptiert werden sollte. Mit dem ersten Argument hoffe ich, zeigen zu können, daß [2] nur um den Preis einer petitio angenommen werden kann. Mit dem zweiten Argument möchte ich demonstrieren, daß man die Wahrheit von [2] nicht behaupten kann, ohne das S5-Invarianz-Prinzip, das für das MOA essentiell ist (vgl. 3.422), ablehnen zu müssen. In beiden Argumenten werde ich das Unparteilichkeitsprinzip (U) aus 3.411 verwenden.

Argument 1. Eröffnen wir den *Zirkularitätseinwand* mit einem Zitat, das Aufschluß darüber gibt, was Plantinga selbst unter Zirkularität versteht:

> "What is it for an argument to be circular? In the paradigm case one argues for a proposition A_1 on the basis of A_2, for A_2 on the basis of A_3, ..., for A_{n-1} on the basis of A_n, and for A_n on the basis of A_1. What ever the merits of such a procedure, [the MOA; B.W.] is clearly not an example of it; to conform to this pattern one who offered [the MOA] would be obliged to produce in turn an argument for its main premiss - an argument, that involved as premiss the conclusion of [the MOA] or some other proposition such that [the MOA's] conclusion was proximately or ultimately offered as evidence for it. So the argument is not obviously circular."[198]

Plantinga nennt in diesem Zitat zwei alternative Versionen eines zirkulären Argumentationsmusters: eine erste, nach der derjenige, der das MOA vorträgt, dazu verpflichtet wäre, ein Argument für die Hauptprämisse [1] zu formulieren,

---

[197] Die Einführung von Universaleigenschaften macht meines Erachtens vor allem dann Sinn, wenn für die Existenz von notwendigen Entitäten argumentiert werden soll oder wenn der Status der notwendigen Existenz von Dingen, die bereits als notwendige Entitäten betrachtet werden, gesichert werden soll. (Siehe dazu auch 3.423). Es ist deshalb bezeichnend, daß sie von Plantinga erst in dem Kapitel von "The Nature of Necessity" eingeführt werden, in dem er sich mit dem ontologischen Argument auseinandersetzt. Bedenken dieser Art äußert bereits SENNETT (1991) 75: "Indeed there seems to be little reason to admit the coherence of universe indexed properties at all unless one is antecedently eager to produce a proof for some necessarily existent object."

[198] PLANTINGA (1974) 217.

in dem die Konklusion des MOA direkt als Prämisse eingeführt wird; und eine zweite, in der eine Proposition eingeführt wird, für die die Konklusion als Beleg dient. Ich bin der Auffassung, daß das MOA dem zweiten Argumentations-muster entspricht, wenn [2] angenommen wird.

In 3.411 habe ich darauf hingewiesen, daß wir sowohl Mp als auch $M\sim p$ akzeptieren sollten, wenn wir eine Vorentscheidung zugunsten des apriorischen Theismus oder zugunsten des apriorischen Atheismus vermeiden wollen. Da wir nun sowohl Mp als auch $M\sim p$ annehmen, sollten wir auch die Wahrheit des Unparteilichkeitsprinzips:

(U) $Mp \wedge M\sim p$

behaupten. Betrachten wir nun die Vortrefflichkeits-Prämisse [2]. Aus [2] geht hervor, daß p mit Lq äquivalent ist. Um zu sehen, ob mit der Akzeptanz von [2] eine Vorentscheidung zugunsten einer der beiden Parteien getroffen wird, setzen wir im rechten Konjunkt unseres Prinzips für p sein Äquivalent Lq ein. Wir erhalten:

(U') $Mp \wedge M\sim Lq$.

Diese Instanz des Unparteilichkeitsprinzips jedoch muß von jemandem, der die Vortrefflichkeits-Prämisse [2] akzeptiert, abgelehnt werden. Das rechte Konjunkt könnte zwar als wahr betrachtet werden, da einfache Vortrefflichkeit per definitionem nicht in allen möglichen Welten exemplifiziert zu werden braucht (vgl. 3.2). Maximale Vortrefflichkeit muß aber nach [2] und nach [D_2] ausnahmslos in allen Welten exemplifiziert sein, wenn unüberbietbare Größe in einer möglichen Welt instantiiert werden und Mp damit als wahr betrachtet werden soll. Wir sollten Mp aber akzeptieren, da wir mit der Behauptung der Falschheit von Mp unserem Unparteilichkeitsprinzip widersprechen und für den apriorischen Atheismus Partei ergreifen würden. Das linke Konjunkt von (U') sollten wir deshalb bereitwillig akzeptieren. Die Wahrheit der Konjunktion (U') jedoch können wir nicht behaupten, da wir dann auch die Wahrheit des rechten Konjunkts von (U') akzeptieren müßten. Das aber gestatten die Bedingungen nicht, die eine Universaleigenschaft wie maximale Vortrefflichkeit in allen Welten nach [2] und [D_2] erfüllen muß. Mit der Annahme von $M\sim Lq$ würden wir nämlich behaupten, daß es eine mögliche Welt geben könnte, in der maximale Vortrefflichkeit nicht in allen möglichen Welten exemplifiziert ist. Das aber würde [2] und [D_2] widersprechen. Wenn wir also [2] und [D_2] als wahr betrachten wollen, dann müssen wir die Negation des rechten Konjunktes von (U') und damit die Wahrheit der Konjunktion:

(23) $Mp \wedge \sim M\sim Lq$

behaupten. Tun wir das aber, dann widersprechen wir dem Unparteilichkeitsprinzip und werden damit zu apriorischen Theisten. Das zeigt die folgende
Ableitung:

(23) $Mp \wedge \sim M\sim Lq$

(24) $Mp \wedge LLq$ [(23) x LMI]

(25) $Mp \wedge Lp$ [p/Lq in (24)].

Mit (25) behaupten wir offensichtlich, daß Gott möglicher- aber auch notwendigerweise existiert. Die Annahme von [2] kommt deshalb einer petitio
gleich. Anders als mit [1] können wir unser Unparteilichkeitsprinzip mit der
Annahme von [2] nicht vereinbaren. Um eine petitio zu vermeiden, sollten wir
[2] deshalb ablehnen.

Argument 2. Mit Hilfe des Unparteilichkeitsprinzips läßt sich ein weiteres
Argument gegen die Annahme von [2] konstruieren, das das obige verstärkt.[199]
Das Argument zeigt, daß bei der Annahme von (U) und [2] eine Konjunktion
formuliert werden kann, die mit S5, der Logik, die für die Gültigkeit und
Stichhaltigkeit des MOA unverzichtbar ist,[200] inkonsistent ist. Die besagte
Konjunktion gewinnt man, indem man, anders als im vorangegangenen
Argument, in *beiden* Konjunkten des Unparteilichkeitsprinzips (U) für *p* dessen
Äquivalent *Lq* einsetzt und:

(U") $MLq \wedge M\sim Lq$

erhält. (U") ist jedoch eine Formel, die S5-kontradiktorisch ist. Das läßt sich
semantisch folgendermaßen demonstrieren: Sei W_1 eine beliebige Welt, die im
Sinne von S5 in Äquivalenzrelationen zu allen möglichen Welten steht. (U") sei
in W_1 wahr. Wenn das der Fall ist, dann gibt es eine Welt W_2, in der *Lq* wahr ist
und eine Welt W_3, in der ~*Lq* wahr ist. *q* ist somit in allen Welten, die möglich
sind, relativ zu W_2 wahr. Da nun aber ~*Lq* in W_3 wahr ist, muß es mindestens
eine Welt geben, in der *q* falsch ist. Sei W_1 diese Welt. Das aber widerspricht der
obigen Behauptung, wonach *q* - aufgrund der Wahrheit von *Lq* in W_2 - in jeder
möglichen Welt wahr ist. (U") kann somit von keinem S5-Modell erfüllt werden.
Wir stehen somit vor dem folgenden *Dilemma*, wenn wir [2] annehmen: entweder
wir akzeptieren die Einsetzungsinstanz (U") des Unparteilichkeits-prinzips, dann
dürfen wir die Logik S5 (und damit die Invarianz-Prämisse [4]), die für die
Gültigkeit des MOA unabdingbar ist, nicht verwenden, da sich in ihr der obige

---

[199]   Die Anregung zu diesem Argument verdanke ich Niko Strobach.

[200]   Siehe 3.422.

Widerspruch ableiten läßt. Oder aber wir akzeptieren das System S5, dann aber müssen wir aus demselben Grund (U") und damit das Unpar-teilichkeitsprinzip aufgeben. Ein gültiges MOA und eine unparteiische Annahme von [2] sind widerspruchsfrei nicht zu haben.

Die Resultate der beiden Argumentationsgänge lassen sich wie folgt kombinieren: Wenn wir bei der Annahme des Unparteilichkeitsprinzips Prämisse [2] akzeptieren, dann begehen wir erstens nicht nur eine petitio principii, da wir gezwungen werden, das Unparteilichkeitsprinzip aufzugeben, sondern berauben uns zweitens auch der Möglichkeit, das für die Gültigkeit des MOA essentielle System S5 zu verwenden. Beides kann somit auch nicht im Sinne von Plantinga sein. [2] sollte abgelehnt werden.

3.415 Die Allkompetenz-Prämisse [3]

Die Allkompetenz[201]-Prämisse:

[3]   The proposition *whatever has maximal excellence is omnipotent, omniscient, and morally perfect* is necessarily true

fügt zu der Menge der Eigenschaften, die unüberbietbare Größe impliziert, noch weitere hinzu. Sie besagt, daß ein Individuum, das in einer Welt maximal vortrefflich ist, darin auch allkompetent ist und die Eigenschaften der Allmacht, des Allwissens und der moralischen Vollkommenheit hat.

Für die Exemplifizierbarkeit der Allkompetenz ist die Annahme zweier äußerst starker versteckter Prämissen erforderlich, die Plantinga nicht eigens eingeführt hat. Bei diesen Enthymemen handelt es sich um recht starke ad hoc Hypothesen. Das erste Enthymem wirkt im Rahmen der Modalmetaphysik ad hoc, die Einführung des zweiten Enthymems scheint nur monotheistisch legitimiert werden zu können. Ich will's erklären.

Aus dem modalmetaphysischen Teil der Arbeit wissen wir, daß Plantinga eine realistische Ontologie vertritt. Seine Ontologie umfaßt eine ganze Reihe von notwendigerweise existierenden Entitäten wie etwa Propositionen, Sachverhalte, mögliche Welten oder Zahlen. Nun handelt es sich bei all diesen Entitäten nach Plantinga um *abstrakte notwendige Entitäten*, d.h. um Dinge, die

---

[201]   Den Ausdruck "Allkompetenz" (omnicompetence) habe ich von Sennett übernommen. Vgl. SENNETT (1992) 21.

keine Raumzeitstellen einnehmen, die keine kausalen Kräfte ausüben und nur im Denken erfaßbar und sinnlich nicht wahrnehmbar sind.[202]

Das notwendige Individuum, das die individuelle Essenz E* exemplifizieren soll, muß jedoch auch die deutlich personalen Eigenschaften wie Allmacht, Allwissenheit und moralische Vollkommenheit in allen möglichen Welten exemplifizieren. Dieses Individuum kann demnach keine abstrakte notwendige Entität sein, denn wie sollte eine Proposition allmächtig, ein maximaler Sachverhalt allwissend oder eine Zahl moralisch vollkommen sein? Diese Eigenschaften sind personal. Das Individuum, das die individuelle Essenz E*, die die Universaleigenschaften der unüberbietbaren Größe und der maximalen Vortrefflichkeit in allen möglichen Welten sowie das Eigenschaftsbündel der Allkompetenz in allen möglichen Welten exemplifizieren soll, muß offenbar ein *konkretes notwendiges Individuum* sein. Es muß *mindestens ein* solches Individuum geben, wenn Allkompetenz in allen möglichen Welten exemplifiziert werden soll. Hier stellt sich nun folgende Frage: Kann es ein Individuum, das notwendige Existenz mit der Eigenschaft, konkret zu sein, koexemplifiziert, überhaupt geben?[203] Plantinga scheint diese Frage bejahen und damit von der folgenden ersten impliziten Annahme ausgehen zu müssen:

[P₁] Es ist möglich, daß Konkretheit und notwendige Existenz koexemplifiziert sind.

Für die Möglichkeit der Koexemplifikation von Konkretheit und notwendiger Existenz, die die Akzeptanz der Allkompetenz-Prämisse [3] offenbar voraussetzt, trägt Plantinga jedoch kein Argument vor. Der Annahme von [P₁] scheint aber die starke Intuition entgegen zu stehen, daß alle konkreten Dinge kontingent sind.[204] Ist es nicht etwa naheliegend anzunehmen, daß dieses bedruckte Blatt Papier, wir oder das Universum auch hätten nicht existieren können? Plantinga selbst scheint diese Intuition in seiner Modalmetaphysik zu teilen, wenn er beispielsweise über eine personale Entität wie Sokrates schreibt: "Objects or individuals exist in possible worlds, some like Sokrates existing in only some but not all possible worlds, others, like the number seven, existing in every world."[205] Demnach sind konkrete Entitäten für Plantiga anders als abstrakte offenbar kontingent. Im Rahmen einer idealistischen Metaphysik möglicher Welten könnte man die Auffassung vertreten, daß concreta notwendige Entitäten seien,

---

[202] Vgl. GRAYLING (1997) 12. Zur Diskussion der nicht unproblematischen Unterscheidung von abstracta und concreta vgl. LEWIS (1986) 81-6 und BURGESS/ROSEN (1997) 16-25.

[203] Vgl. dazu VAN INWAGEN (1977) 382-6 und SENNETT (1991) 76.

[204] Auf dieses Problem weist bereits VAN INWAGEN (1977) 383 hin.

[205] Plantinga (1974) 46. Siehe auch 2.24.

da es nur eine mögliche Welt, nämlich α, gebe und sie deshalb in allen möglichen Welten existieren und alle ihre Eigenschaften essentiell haben würden.[206] Doch eine solche Position würde Plantingas Modalmetaphysik, in der er bekanntlich von einer Vielzahl möglicher Welten ausgeht und verschiedene Arten von Eigenschaftsattributionen einführt, widersprechen. Es fällt mir schwer zu sehen, wie vor dem Hintergrund der Metaphysik Plantingas die Annahme des recht kontraintuitiven Enthymems [P$_1$] anders als ad hoc motiviert sein könnte und wie für seine Akzeptanz ohne theistische ad hoc-Annahmen argumentiert werden könnte.

Die Akzeptanz von [3] setzt aber auch die Annahme eines weiteren Enthymems voraus. Man könnte nämlich annehmen, daß es viele solcher notwendigen concreta gebe. Aber Plantinga geht wie die Konklusion des MOA [K"] zeigt, offenbar implizit davon aus, daß das Individuum, das die individuelle Essenz E*, die die Universaleigenschaften der unüberbietbaren Größe und der maximalen Vollkommenheit in allen möglichen Welten impliziert, exemplifizieren soll, mit dem *einen* Wesen, Gott, identisch ist:

> "there actually exists *a being that is* omniscient, omnipotent, and morally perfect; and that exists and has these properties in every possible world. *This being is* God."[207]

Wir scheinen deshalb annehmen zu müssen, daß Allkompetenz in allen möglichen Welten nur von *genau einem* - und nicht von mindestens einem wie [P$_1$] es nahelegen mag - derartigen Individuum exemplifiziert werden kann, und damit ein weiteres Enthymem annehmen zu müssen:

[P$_2$] Es ist möglich, daß Konkretheit, notwendige Existenz und Allkompetenz von genau einem Individuum koexemplifiziert werden.

Plantinga müßte meines Erachtens auch für die Annahme von [P$_2$] argumentieren. Täte er das nicht, dann würde die Konklusion des MOA dem Monotheismus widersprechen.[208] Sie würde lauten:

---

[206] Vgl. dazu die Erörterungen zum Problem der Querweltein-Identität (trans-world identity) in Plantinga (1974) Kap. VI.

[207] PLANTINGA (1974) 215-6; die Hervorhebungen stammen von mir. In der Tat gibt es für Plantinga nur ein solches Individuum, es ist "God - who is the only concrete object, that exists in every possible world." Vgl. PLANTINGA (1985) 90.

[208] Das ist eher ein theologisches als ein philosophisches Unbehagen. Philosophisch scheint nichts gegen die Existenz von mehreren Individuen zu sprechen, die sich auf größtem Vollkommenheitsniveau bewegen.

[K*] Es existieren einige konkrete notwendige Individuen, die allkompetent sind.

Es fällt mir schwer zu sehen, wie es ohne eine theistische ad hoc Annahme möglich sein könnte, für die Wahrheit von $[P_2]$ zu argumentieren. Solange kein solches Argument vorliegt, darf gegen Plantinga meines Erachtens der Einwand gerichtet werden, daß sein MOA, falls es stichhaltig wäre, für die Wahrheit des Polytheismus eintreten würde, da er die Möglichkeit nicht aus dem Weg räumt, daß mehrere individuelle Essenzen, nicht nur E*, die die Universaleigenschaft der Allkompetenz in allen möglichen Welten implizieren, exemplifiziert sein können.[209]

Die Annahme von [3] scheint somit die Annahme der versteckten Prämissen $[P_1]$, die die Möglichkeit der Koexemplifikation von notwendiger Existenz und Konkretheit behauptet, vorauszusetzen sowie von $[P_2]$, die die Koexemplifikation von notwendiger Existenz, Konkretheit und Allkompetenz durch genau ein concretum necessarium behauptet. Diese starken Prämissen, die ad hoc wirken, bedürfen meines Erachtens einer argumentativen Unterstützung. Es ist jedoch schwer zu sehen, wie solche Argumente ohne theistische ad hoc Annahmen aussehen könnten. Mangels eines Arguments für $[P_2]$ darf gegen jemanden, der wie Plantinga das MOA als stichhaltig betrachtet, zudem der Vorwurf des Polytheismus erhoben werden. Die Argumentationslast, die die Akzeptanz von Prämisse [3] aufgrund ihrer metaphysischen und theistischen ad hoc-Annahmen mit sich bringt, zieht die Annahme von [3] meines Erachtens in Zweifel.

3.42   Die Logik des MOA

Kurz zur Vorgehensweise in diesem Abschnitt, in dem ich mich mit der Bedeutung der Modallogik S5 für das MOA auseinandersetzen möchte: In 3.421 werde ich die Invarianz-Prämisse [4] einführend erläutern. Anschließend in 3.422 und 3.423 werde ich sowohl die Unverzichtbarkeit als auch die Unangemessenheit der Modallogik S5 für ontologische Argumente, wie etwa das MOA, darlegen und in 3.424 die Kritikpunkte zusammenfassen, die die Annahme von S5 für das MOA in Frage stellen.

---

[209]   Zu einer ähnlichen Einschätzung der Resultate modaler Argumente kommt auf anderem und differenzierterem Wege LEFTOW (1988).

3.421 Die Invarianz-Prämisse [4]

Anders als die bereits behandelten Prämissen, die die Implikationen der Eigenschaft der unüberbietbaren Größe expliziert haben, informiert uns die Invarianz-Prämisse [4] über die Logik des MOA. Die Prämisse [4] lautet:

[4]   "what is necessary or impossible does not vary from world to world."

[4] läßt sich, wie wir aus 2.25 wissen, folgendermaßen interpretieren: Wenn ein Sachverhalt von einer möglichen Welt aus gesehen in allen möglichen Welten, die möglich sind relativ zu dieser Welt, besteht, dann besteht er in allen möglichen Welten und variiert somit nicht von Welt zu Welt. Beziehungsweise: Wenn ein Sachverhalt von einer möglichen Welt aus gesehen in keiner Welt, die möglich ist relativ zu dieser Welt, besteht, dann besteht dieser Sachverhalt in keiner möglichen Welt. [4] läßt sich dann formal wie folgt ausdrücken:

[4] $ML\alpha \supset L\alpha$ (bzw. $M{\sim}M\alpha \supset {\sim}M\alpha$).[210]

Man kann in S5 offenbar keiner *möglichen* Notwendigkeit zustimmen, ohne sich damit auf *wirkliche* Notwendigkeit festzulegen. Die Annahme von S5 für das Argumentieren mit Propositionen ontologischen Inhalts ist, wie wir in 2.25 gesehen haben, nicht nur unzureichend begründet, sondern äußerst stark. Man kann in S5 nämlich nicht behaupten, daß es möglicherweise ein notwendiges Individuum gibt, das unüberbietbar groß ist und zugleich, daß ein notwendiges Individuum, das diese Eigenschaft hat, nicht existiert. Mit anderen Worten: In S5 kann man nicht die Exemplifizierbarkeit einer Universaleigenschaft wie etwa der maximalen Vortrefflichkeit in allen möglichen Welten, d.h. *MLq*, behaupten, ohne die Exemplifiziertheit dieser Universaleigenschaft und damit die

---

[210]   Vgl. dazu LÖFFLER (1994) 909: "Bei Plantinga steckt die Voraussetzung von S5 in der für den Beweisgang notwendigen These 'Was notwendig/unmöglich ist, variiert nicht von Welt zu Welt' ... Dies ist nichts anderes als eine Umschreibung für die nur in S5 zulässige Umschreibung unterschiedlicher Modaloperatoren: $\Diamond\Box$ G → $\Box$ G bzw. $\Diamond\neg\Diamond$ G → $\neg\Diamond$ G." Aus der zweiten Formel läßt sich die erste einfach ableiten:

(1) $M{\sim}M\alpha \supset {\sim}M\alpha$
(2) $M{\sim}M{\sim}\alpha \supset {\sim}M{\sim}\alpha$ $[{\sim}\alpha / \alpha]$
(3) $ML\alpha \supset L\alpha$ [(2) X LMI]

(Zum Schritt von (2) nach (3) vgl. HUGHES/CRESSWELL (1996) 34: "Note too, there is nothing to prevent us applying LMI only to part of a sequence." Vgl. als Beispiel den Beweis von **K9** in HUGHES/CRESSWELL (1996) 36.)

71

Konklusion, d.h. *Lq*, zu behaupten. Die Einsetzungsinstanz von [1], unsere Hauptprämisse:

[1*]   *MLq*

ist als Instanz des Antezedens von [4] bei Zugrundelegung von S5 und damit des darin enthaltenen Reduktionstheorems:

R2 $ML\alpha \equiv L\alpha$[211]

äquivalent mit der Konklusion des MOA [K], bei der es sich um die entsprechende Einsetzungsinstanz des Sukzedens von [4] handelt. Für das MOA kann somit die folgende Instanz von **R2** formuliert werden:

R2'   *MLq* ≡ *Lq*.

Ich kann mir nicht denken, daß ein eher zum nicht-apriorischen Atheismus Neigender oder ein unparteiischer Agnostiker Grund hätte, [1*] vor dem Hintergrund von **R2'** anzunehmen. Es macht offensichtlich keinen Unterschied, ob man die Konklusion des MOA behauptet oder ob man in S5 die möglicherweise notwendige Exemplifikation einer individuellen Essenz, die maximale Vortrefflichkeit in allen möglichen Welten behauptet. Exemplifizierbarkeit einer Universaleigenschaft ist in S5 schlicht äquivalent mit ihrer Exemplifiziertheit.

Vor dem Hintergrund der Annahme der Modallogik S5, die ein Reduktionstheorem wie **R2** enthält, muß man, wenn man die linke Seite des Bikonditionals **R2'** und damit die Einsetzungsinstanz der Unüberbietbarkeits-Prämisse [1*] annehmen will (aufgrund von [Def ≡][212]), die rechte Seite des Bikonditionals und damit die Konklusion des MOA annehmen. Wenn man die

---

[211] Vgl. HUGHES/CRESSWELL (1996) 58. **R2** läßt sich in S5 wie folgt ableiten:

(1)	$\alpha \supset M\alpha$	[Das (M- bzw.) T-Theorem **T1**. Vgl. HUGHES/CRESSWELL (1996) 42]
(2)	$L\alpha \supset ML\alpha$	[$L\alpha / \alpha$ in (1)]
(3)	$ML\alpha \supset L\alpha$	[Invarianz-Prämisse [4]]
(4)	$(L\alpha \supset ML\alpha) \supset ((ML\alpha \supset L\alpha) \supset (L\alpha \equiv ML\alpha))$	[Vgl. **PC5** in HUGHES/CRESSWELL (1996) 13]
(5)	$(ML\alpha \supset L\alpha) \supset (L\alpha \equiv ML\alpha)$	[(2), (4) X MP]
(6)	$L\alpha \equiv ML\alpha$	[(3), (5) X MP].

[212] Siehe 1.11.

72

Konklusion nicht annimmt, wird [1*] und damit [1] falsch. In diesem Sinne scheint die Annahme von [4] petitiös zu sein.[213]

3.422 Die logische Unverzichtbarkeit von S5

Wir haben die Invarianz-Prämisse [4] bereits in 1.11 aus **S5** abgeleitet (als R2a) und haben sie in 3.3 benutzt, um die Gültigkeit des MOA zu überprüfen, indem wir sie in *Schritt (7)* der Ableitung eingesetzt haben. Dieser Schritt hat für das MOA eine entscheidende Funktion. Der Grund: Die Invarianz-Prämisse erlaubt es, von einer möglicherweise notwendig wahren Proposition auf eine notwendig wahre Proposition zu schließen bzw. von möglicherweise notwendigen Sachverhalten auf notwendige. Dazu noch einmal die Ableitung aus 3.3 (bis einschließlich Schritt (8)):

(1)	Mp	[Prämisse 1]
(2)	$L(p \equiv Lq)$	[Prämisse 2]
(3)	$L(p \equiv Lq) \supset (Mp \equiv MLq)$	[Instanz des Theorems $L(\alpha \equiv \beta) \supset (M\alpha \equiv M\beta)$]
(4)	$Mp \equiv MLq$	[(2), (3) X MP]
(5)	$Mp \supset MLq$	[(4) X PC]
(6)	MLq	[(1), (5) X MP]
(7)	**$MLq \supset Lq$**	[Instanz des S5-Theorems $ML\alpha \supset L\alpha$]
(8)	Lq	[(6), (7) X MP]

Ohne Schritt (7) wird Plantingas MOA ungültig und kann nicht stichhaltig werden. Die beiden Schritte, die (7) flankieren, bilden das logische Herzstück des MOA. Der logische Aufwand für das MOA ließe sich unter der Berücksichtigung der Annahme, daß Lq mit p äquivalent ist, somit auf die folgende *Kurzversion des MOA* reduzieren:

MLq
$MLq \supset Lq$
$Lq.$[214]

---

[213] Zu einer ähnlichen Einschätzung kommen GALE (1991) 225 und SENNETT (1992) 30.

[214] Vgl. dazu die "Schlußkette" in LÖFFLER (1994) 910.

Nur in S5, dem stärksten der vier modalen Systeme, mit denen wir uns im ersten Teil der Arbeit vertraut gemacht haben, kann Plantingas MOA gelingen. Das will ich im folgenden demonstrieren.

In der *Modallogik B* läßt sich ein schwächeres modales ontologisches Argument formulieren. In B kann gezeigt werden, daß in der wirklichen Welt α ein Individuum existiert, das die Eigenschaft der maximalen Vortrefflichkeit besitzt. Das wollen wir uns anhand der folgenden Ableitung vor Augen führen. Die Schritte (1) - (6) sind dieselben wie in 3.3. Abgeändert sind Schritt (7) und (8). An die Stelle der Invarianz-Prämisse (bzw. des S5-Theorems R2a) setzen wir eine Instanz des folgenden B-Theorems ein:

B1 $ML\alpha \supset \alpha.$[215]

Die Ableitung sieht dann wie folgt aus:

(1)	Mp	[Prämisse 1]
(2)	$L(p \equiv Lq)$	[Prämisse 2]
(3)	$L(p \equiv Lq) \supset (Mp \equiv MLq)$	[Instanz des Theorems $L(\alpha \equiv \beta) \supset (M\alpha \equiv M\beta)$]
(4)	$Mp \equiv MLq$	[(2), (3) x MP]
(5)	$Mp \supset MLq$	[(4) x PC]
(6)	MLq	[(1), (5) x MP]
(7')	$MLq \supset q$	[Instanz von **B1**]
(8')	q	[(6), (7') x MP][216]

Die Konklusion q dieses B-MOA ist jedoch schwächer als die Konklusion unseres MOA Lq und somit auch nicht äquivalent mit p. Das besagt, daß in der wirklichen Welt α ein Individuum existiert, das, anders als es die Vortrefflichkeits-Prämisse [2] fordert, nur in α existiert und somit lediglich ein kontingentes Wesen ist, das nur in α maximal vortrefflich ist und nicht auch in allen übrigen möglichen Welten.[217] Dieses Wesen würde sich, mangels

---

[215] **B1** läßt sich aus **B** in folgender Weise ableiten:
(1)	$\alpha \supset LM\alpha$	[B]
(2)	$\sim\alpha \supset LM \sim\alpha$	[$\sim\alpha / \alpha$]
(3)	$\sim\alpha \supset \sim ML\alpha$	[(2) x LMI]
B1	$ML\alpha \supset \alpha$	[(3) x Transp.] Q.E.D.

Vgl. HUGHES/CRESSWELL (1996) 62.

[216] Vgl. die Ableitung in KANE (1984) 339.

[217] SENNETT (1991) 77, Anm. 24 irrt meines Erachtens, wenn er schreibt: "The best, that can be proved by [1], [2], [3] under B is *possibly something is omnicompetent.*" Die obige

74

notwendiger Existenz auf einem Vollkommenheitsniveau bewegen, das niedriger wäre als das des höchsten Wesens der von Plantinga kritisierten anselmianischen Vorläuferversion.[218]

In der *Modallogik S4* kann [K], das Beweisziel des MOA, nicht erreicht und auch keine schwächere Version formuliert werden. In S4 läßt sich, da hier nur Modaloperatoren einer Art reduziert werden können, nicht sinnvoll über [1] hinauskommen. Dasselbe gilt für die Systeme, die schwächer sind als S4, etwa M oder K.

Der Grund dafür, daß das MOA nur in S5 oder - mit Abstrichen - in B gültig wird, ist folgender: Sowohl das S5-Theorem R2a als auch das B-Theorem **B1** werden nur auf Modellstrukturen gültig, in denen die Relation der relativen Möglichkeit R, die zwischen den möglichen Welten besteht, symmetrisch ist.[219] Im Zusammenhang mit modalen ontologischen Argumenten kommt diese *Symmetriebedingung für R* in folgender Weise zur Geltung. Betrachten wir dazu die folgende *nicht-symmetrische Modellstruktur*:

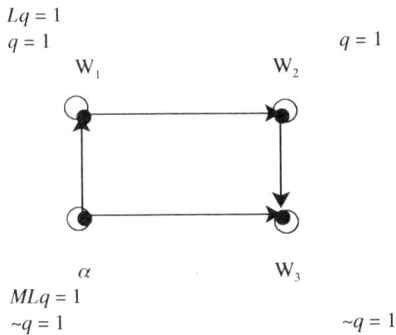

Nach dieser Modellstruktur sind in K, der Menge aller möglichen Welten, vier Welten enthalten, die als Punkte dargestellt sind. Das sind unsere wirkliche Welt α sowie die drei lediglich möglichen Welten W_1, W_2 und W_3. Aufgrund der Reflexivität von R sind alle Welten für sich selbst zugänglich, was durch die Kreise um die Welten herum veranschaulicht wird. Darüberhinaus hat die wirkliche Welt α Zugang zu W_1 und zu W_3; die mögliche Welt W_1 hat außer zu sich selbst auch Zugang zu W_2; ebenso ist auch W_2 nicht nur für sich selbst zugänglich, sondern hat auch Zugang zu W_3. Die Zugänglichkeit wird dabei durch die einfachen Pfeile dargestellt. Auf dieser nicht-symmetrischen

---

Ableitung zeigt, daß sich in B eine stärkere Konklusion ableiten läßt. Vgl. dazu auch KANE (1984) 339.

[218] Siehe 2.1.

[219] Vgl. KANE (1984) 340.

Modellstruktur kann die Instanz von **B1** $MLq \supset q$, die, wie wir oben gesehen haben, für die Formulierung von modalen ontologischen Argumenten unentbehrlich ist, falsifiziert werden. Es läßt sich auf dieser Modellstruktur nämlich ein Modell konstruieren, nach dem in α sowohl die Prämisse [1*] MLq, als auch ~q wahr werden. Konzentrieren wir uns, um das nachvollziehen zu können, vor allem auf die beiden Welten α und W_1 in der obigen Modellstruktur. Nach unserem Modell ist ~q wahr in α und Lq wahr in W_1. Lq ist deshalb wahr in W_1, weil q in allen möglichen Welten, die zugänglich sind für W_1 (und das sind W_1 selbst und W_2), wahr ist. Da nun W_1 auch für unsere wirkliche Welt α zugänglich ist, ist MLq in α wahr. Nach unserem Modell ist in α aber auch ~q wahr. Das bedeutet also, daß es in unserer wirklichen Welt zwar wahr ist, daß möglicherweise ein Wesen, das in allen möglichen Welten maximal vollkommen ist, existiert, aber auch, daß ein maximal vollkommenes Wesen in α nicht existiert. $MLq \supset q$ kann auf der obigen nicht-symmetrischen Modellstruktur somit falsifiziert werden.

Auf einer Modellstruktur, die symmetrisch ist, ist eine Falsifikation von $MLq \supset q$ nicht möglich. Betrachten wir dazu die folgende *symmetrische Modellstruktur*:

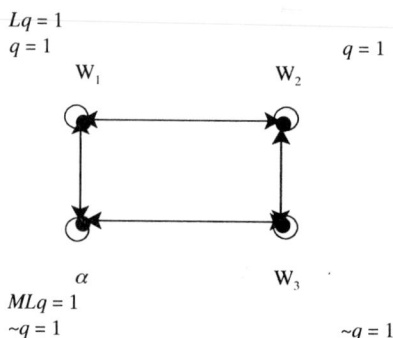

$Lq = 1$
$q = 1$
W_1 W_2 $q = 1$

α W_3
$MLq = 1$
~$q = 1$ ~$q = 1$

In dieser Modellstruktur hat jede unserer Welten (wie gehabt) Zugang zu sich selbst. Ferner hat jede einzelne Welt W Zugang zu ihren beiden Nachbarwelten, die jeweils (aufgrund der Symmetrie von R) umgekehrt auch Zugang zu W haben. Die symmetrischen Fälle der Zugänglichkeitsrelation werden dabei als Doppel-pfeile dargestellt. Auf dieser Modellstruktur wird das Modell, wonach in α sowohl [1*] MLq als auch ~q wahr werden, inkonsistent; die für eine B-Version des MOA unentbehrliche Implikation $MLq \supset q$ wird damit gültig.[220]

---

[220] Vgl. dazu die Erläuterung der Reductio-Methode in Anm. 29 sowie ihre Anwendungen in 1.12.

Betrachten wir dazu noch einmal die Welten α und W_1. Nach unserem Modell ist Lq in W_1 wahr, da q in allen möglichen Welten, die W_1 zugänglich sind, wahr ist. Das sind die Welten W_1 selbst und W_2; aufgrund der Symmetrierelation, die zwischen W_1 und α besteht, ist jedoch auch unsere wirkliche Welt α für W_1 zugänglich. Das hat aber zur Folge, daß in α sowohl q als auch $\sim q$ wahr werden. Das Modell ist somit inkonsistent und $MLq \supset q$ auf einer symmetrischen Modellstruktur somit gültig. Demnach ist in unserer wirklichen Welt sowohl die Aussage wahr, daß ein in allen möglichen Welten maximal vortreffliches Wesen möglicherweise existiert als auch die Aussage, daß ein maximal vortreffliches Wesen de facto existiert.

Nun ist dieses Wesen aber noch nicht jenes, von dem in Plantingas MOA die Rede ist. Es ist nämlich nicht in allen möglichen Welten maximal vortrefflich und deshalb auch nicht unüberbietbar groß. Der Grund: Es gibt in der obigen symmetrischen Modellstruktur eine mögliche Welt W_3, die für α zugänglich ist, in der q jedoch falsch ist.

Das ändert sich, wenn wir für R nicht nur Reflexivität und Symmetrie, sondern auch Transitivität fordern. Die folgende *äquivalente* (d.h. reflexive, symmetrische und transitive) *Modellstruktur* erfüllt diese Forderungen; in ihr sind alle Welten füreinander zugänglich:

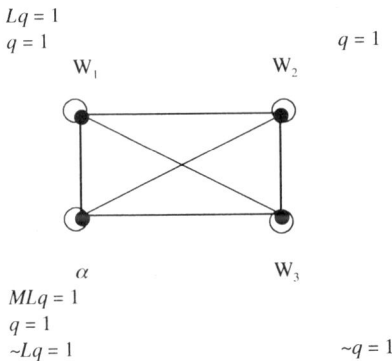

Auf dieser Modellstruktur wird ein Modell, nach dem in α sowohl MLq als auch $\sim Lq$ wahr sind, inkonsistent und unsere Instanz der Invarianz-Prämisse, nämlich $MLq \supset Lq$, gültig. Nach diesem Modell ist in W_1 Lq wahr, da q in allen Welten, die W_1 zugänglich sind, wahr ist. Das sind W_1 selbst, W_2 und unsere wirkliche Welt α. Nun ist in dieser äquivalenten Modellstruktur (aufgrund der Transitivität von R) für W_1 auch W_3 (z.B. über α) zugänglich. Das bedeutet aber, daß in W_3 sowohl q als auch $\sim q$ wahr sind. Das Modell, nach dem sowohl MLq als auch $\sim Lq$ wahr sein sollen, ist auf einer äquivalenten Modellstruktur somit falsifiziert und $MLq \supset Lq$ damit gültig. Somit ist in unserer wirklichen Welt sowohl die

Hauptprämisse [1*] wahr, nach der ein in allen möglichen Welten maximal vortreffliches Wesen möglicherweise existiert, als auch die Konklusion des MOA, nach der ein in allen möglichen Welten maximal vortreffliches und deshalb unüberbietbar großes Wesen tatsächlich existiert.

Die Symmetriebedingung auf R in der Modallogik B und die die Symmetriebedingung einschließende Äquivalenzbedingung auf R in S5 stellen, um es metaphorisch auszudrücken, so etwas wie *modale Brücken* dar, die es erlauben, notwendige Sachverhalte aus bloß möglichen Welten in die wirkliche Welt α (in B) und darüberhinaus in alle möglichen Welten (in S5) hinüberzutragen. Ohne die Symmetriebedingung auf R, wie sie in B- und S5-Modellstrukturen vorliegt, können modale ontologische Argumente nicht gelingen.

Wir können somit festhalten, daß sich zwar in B ein schwaches modales Argument formulieren läßt, daß aber das MOA, wie es Plantinga formuliert hat, nur in S5 gültig und damit stichhaltig werden kann, aber in keiner schwächeren Modallogik. Auf diese wichtige Einsicht habe ich bereits in 3.414 hingewiesen. Wir werden sie in einem epistemischen Argument gegen die Stichhaltigkeit des MOA in Abschnitt 3.44 wieder aufgreifen.

3.423 Die ontologische Inadäquatheit von S5

Bevor wir zur Interpretation des Möglichkeitsbegriffs des MOA kommen, wollen wir uns zwei Gründe vor Augen führen, die für die Inadäquatheit von S5 für ontologische Argumente sprechen. Das ist erstens die Formulierbarkeit eines Gegen-MOA und zweitens die Ontologisierbarkeit (bzw. Aktualisierbarkeit) beliebiger möglicherweise notwendiger Entitäten.

Mit einer logischen Form, die der des MOA bis auf geringfügige Abweichungen entspricht, kann man ebensogut für das *Gegenteil* der Konklusion argumentieren. Man kann nämlich ebensogut zeigen, daß falls es möglicherweise wahr ist, daß unüberbietbare Größe nicht exemplifiziert ist, es auch wahr ist, daß diese Eigenschaft nicht exemplifiziert ist:

(1^*)	$M\sim p$	[Prämisse 1]
(2^*)	$L(\sim p \equiv L\sim q)$	[Prämisse 2]
(3^*)	$L(\sim p \equiv L\sim q) \supset (M\sim p \equiv ML\sim q)$	[Instanz des Theorems
		$L(\alpha \equiv \beta) \supset (M\alpha \equiv M\beta)]$
(4^*)	$M\sim p \equiv ML\sim q$	[(2^*), (3^*) x MP]
(5^*)	$M\sim p \supset ML\sim q$	[(4^*) x PC]
(6^*)	$ML\sim q$	[(1^*), (5^*) x MP]
(7^*)	$MLq \supset Lq$	[Instanz des S5-Theorems $ML\alpha \supset L\alpha$]
(8^*)	$ML\sim q \supset L\sim q$	[$\sim q\,/\,q$]
(9^*)	$L\sim q$	[(6^*), (8^*) x MP][221]

Mit dem MOA kann man in S5 deshalb höchstens ein *apologetisches Remis* erzielen.[222] Der Theist wird als Ausgangsprämisse Mp (bzw. MLq) wählen, der Atheist hingegen $M\sim p$ (bzw. $M\sim Lq$). Der Theist wird zu dem Ergebnis kommen, daß Gott notwendigerweise existiert und daß der Atheist ein inkonsistentes System von Überzeugungen hat, da er eine notwendige Falschheit akzeptiert. Der Atheist wird zu dem gegenteiligen Ergebnis gelangen. Aber nur eine der beiden Konklusionen kann wahr sein, entweder die theistische Lq, oder die atheistische $L\sim q$.[223] Die Annahme der favorisierten Ausgangsprämisse entscheidet darüber, welche Konklusion wahr wird. Die Ausgangsprämissen jedoch können in S5, wie ich in 3.421 argumentiert habe, nicht ohne eine petitiöse Akzeptanz der entsprechenden Konklusion angenommen werden.[224]

Aufgrund der logischen Form des MOA ist es aber nicht nur möglich, für das Gegenteil der Konklusion des MOA zu argumentieren, sondern auch für das *Bestehen jedes Sachverhaltes*, der möglicherweise notwendig bestehen kann.[225] Um das zu sehen, setze man in der Kurzversion des MOA für q z.B. 'Es gibt Zahlen' bzw. 'Es gibt Essenzen' ein:

---

[221] Vgl. dazu die Ableitung in Löffler (1994) 911.

[222] Auf die Möglichkeit eines vergleichbaren "Gegen-MOA" weisen bereits Plantinga selbst in Plantinga (1974) 218-9, sowie Mackie (1982) 59-60 und Löffler (1994) 911 hin.

[223] Vgl. dazu Plantinga (1974) 219.

[224] Erinnert sei an dieser Stelle auch an die S5-kontradiktorischen Einsetzungsinstanz des Unparteilichkeitsprinzips, die aufgrund der Akzeptanz der Vortrefflichkeits-Prämisse [2] konstruiert werden kann (vgl. 3.414).

[225] Darauf haben bereits Kane (1984) 340 und Löffler (1994) 911 hingewiesen.

MLq
$MLq \supset Lq$
$Lq.$

Das zeigt, daß man die logische Form des MOA als eine Art *Ontologisator* betrachten kann, in den man oben eine möglicherweise notwendig existierende Entität hineinwerfen kann, um sie unten als notwendige Entität herauszubekommen. Es ist schwierig zu sehen, wie solchen Ontologisierungen anders als ad hoc ein Riegel vorgeschoben werden könnte.

Das Gegen-MOA und das Ontologisator-Argument zeigen, weshalb Plantinga für das MOA nicht behaupten kann, daß es als ein Stück gelungener natürlicher Theologie im Sinne eines Beweises der Existenz Gottes betrachtet werden kann.

3.424 Die Logik des MOA: Zusammenfassung

Im folgenden möchte ich die herausgearbeiteten Kritikpunkte zusammenfassen, die der logisch unverzichtbaren Annahme von S5 für das MOA entgegenstehen:

1. Die Annahme von S5 für die Formalisierung der Modalität im logisch weiten Sinne (bzw. der metaphysischen Modalität) im allgemeinen und für das MOA im besonderen ist metaphysisch unzureichend begründet. Sie beläuft sich auf ein intuitives Postulat und auf eine Paraphrase der logischen Prinzipien des Systems S5 (vgl. 2.25).

2. Die Annahme von S5 erlaubt keine Annahme der Vortrefflichkeits-Prämisse [2], die im Sinne des Unparteilichkeitsprinzips (U) unvoreingenommen wäre, da es kein S5-Modell geben kann, auf dem die Einsetzungsinstanz von (U) $MLq \wedge M{\sim}Lq$ gültig wird (vgl. 3.414).

3. Das System S5 erlaubt - wie wir im vorangegangenen Abschnitt gesehen haben - die Konstruktion eines Gegen-MOA sowie eine Argumentation für die Existenz jedweder Entität, sei es eines abstractums oder eines concretums, die als notwendig betrachtet wird. (Dieser Kritikpunkt müßte meines Erachtens von einer Argumentation für die Formalisierung metaphysischer Modalität, wie sie in 1. gefordert wird, aus dem Wege geräumt werden.) S5 ist somit aus logischen Gründen für das MOA unverzichtbar (3.422), aus ontologischen jedoch inadäquat (3.423).

3.43 Real-Möglichkeit und Denk-Möglichkeit

Möglichkeit wird in der Kripke-Semantik verstanden als Wahrheit in einer möglichen Welt, die möglich ist relativ zur wirklichen Welt. Die Bedingungen, die der Zugänglichkeitsrelation R auferlegt werden, hängen von dem Möglichkeitsbegriff ab, der intendiert wird. Der Begriff der Möglichkeit im weiten logischen Sinne bzw. der metaphysischen Möglichkeit, der dem MOA zugrunde liegt, arbeitet, wie wir aus 2.25 wissen, mit S5 und somit mit einer Äquivalenzrelation zwischen den möglichen Welten. Da R in S5, wie Plantinga feststellt, aufgehoben werden kann, darf seiner Auffassung nach schlicht von "possibility as such" gesprochen werden. Und mit dieser sei dasselbe gemeint wie mit metaphysischer Möglichkeit bzw. mit logischer Möglichkeit im weiten Sinn.[226]

Im folgenden wollen wir den Möglichkeitsbegriff des MOA erhellen, indem wir Plantingas metaphysische Deutung von R mit epistemischen Interpretationen dieser Relation vergleichen. Dieser Vergleich wird uns den Hintergrund für das epistemische Argument liefern, das im nächsten Abschnitt gegen das MOA gerichtet werden wird.

Plantingas Interpretation von R ist, wie erwähnt, eine im weiten Sinne logische bzw. metaphysische. Bei metaphysischer bzw. *Real-Möglichkeit* handelt es sich um einen objektiven Möglichkeitsbegriff, der ohne jedes epistemische Subjekt auskommt, das eine Proposition für vorstellbar, für denkbar bzw. für denk-möglich hält. Das bedeutet, daß eine Proposition auch dann möglicher- oder notwendigerweise wahr sein kann, wenn sie von niemandem für denkbar gehalten wird.[227]

Denk-Möglichkeit hingegen ist ein epistemischer Begriff und erfordert ein epistemisches Subjekt, d.h. jemanden, für den es denk-möglich bzw. für den es denkbar ist, daß eine Proposition wahr oder falsch ist. Dabei kann eine Proposition α als denkbar für *a* aufgefaßt werden, wenn sie mit den Überzeugungen der Person *a* konsistent ist.[228]

Betrachten wir nun die epistemische Deutung der Relation R von Hughes und Cresswell als "Denkbarkeit" bzw. als "Vorstellbarkeit". Sie interpretieren mögliche Welten als vorgestellte Welten, die sich von der wirklichen Welt in der

---

[226] Vgl. dazu PLANTINGA (1974) 54 und Abschnitt 2.25.

[227] Vgl. dazu PLANTINGA (1974) 7: "We differ widely in our ability to apprehend necessary truths; and no doubt some are beyond the grasp of even the best of us." Dieses Zitat ist für meine Kritik des MOA wichtig. Ich werde darauf in 3.44 ausführlicher eingehen.

[228] Vgl. z.B. MARCUS (1993) 175: "Conceivability requires an epistemological subject, someone to do the conceiving. A proposition may be taken as conceivable to an epistemological subject if it is consistent with the subject's beliefs or, more weakly, if he believes it to be consistent with his beliefs."

einen oder anderen Hinsicht unterscheiden. Eine Welt ohne Telephone oder eine mit geflügelten Pferden wären z.B. solche vorgestellten möglichen Welten. Hughes und Cresswell gehen dabei davon aus, daß die Vorstellungskraft durch die Beschaffenheit der Welt, in der man lebt, limitiert wird, z.B. durch solche Faktoren wie der Beschaffenheit von Geist und Körper oder durch die Sprachen, die in der jeweiligen Welt gesprochen werden.[229] Sie charakterisieren die Relation R im Sinne der Vorstellbarkeit nun folgendermaßen: Eine Welt W_2 ist für eine Welt W_1 zugänglich, wenn W_2 für jemanden, der W_1 bewohnt, denkbar oder vorstellbar ist. Nach ihrer Ansicht braucht unsere Vorstellungskraft in Welten, die wir uns vorstellen, nicht konstant zu bleiben, sie kann darin zu- oder abnehmen, so daß z.B. auch der Fall eintreten könnte, daß wir uns in einer möglichen Welt W_1 die wirkliche Welt α nicht mehr vorstellen können. Somit braucht die Menge der Welten, die für W_1 zugänglich ist, nicht mit der identisch zu sein, die von α aus erreicht werden kann. Wenn wir nun in α danach gefragt werden, ob eine bestimmte Proposition α möglich ist, dann können wir nach Hughes und Cresswell diese Frage als Frage danach verstehen, ob es eine Welt W_1 gibt, die wir uns von α aus vorstellen können, in der α wahr ist. In unsere Antwort auf diese Frage können wir ihrer Ansicht nach aber nur die Welten einbeziehen, die von α aus auch vorstellbar sind und müssen jene, die in α nicht vorstellbar sind, außer acht lassen, da es uns ja unmöglich wäre, sie zu berücksichtigen. Diese Interpretation des Möglichkeitsbegriffs im Sinne der *schwachen Vorstellbarkeit*, der bestimmte mögliche Welten unzugänglich bleiben, wird nach Hughes und Cresswell dem Modalsystem M gerecht.[230]

Ein *stärkerer Denkbarkeitsbegriff* muß ihrer Auffassung nach für die Interpretation der Möglichkeit in S4 bemüht werden. Hier kann man nicht behaupten, sich eine Welt vorstellen zu können, wenn man im Sinne des schwachen Begriffs der Vorstellbarkeit in der Lage ist, die Beschaffenheit eines Sachverhalts zu beschreiben. Man stellt sich in diesem starken Sinn von Vorstellbarkeit dann etwas vor, wenn man fähig ist, sich vorzustellen, wie das Leben in dieser vorgestellten Welt aussehen würde und welche Vorstellungskraft die Bewohner dieser Welt haben würden. Nach Hughes und Cresswell müßte diese starke Vorstellbarkeit als transitive Relation aufgefaßt werden: Wenn sich jemand in W_2 die Welt W_3 denken kann, dann wird jemand in W_1, der sich im starken Sinn W_2 denkt, wissen, was es bedeutet, sich W_3 zu denken und wird deshalb fähig sein, sich W_3 selber vorzustellen. Wenn wir nun in α Möglichkeit in diesem starken Sinn der S4-Vorstellbarkeit deuten, dann werden wir eine Proposition α für möglich halten, wenn sie in irgendeiner für α zugänglichen Welt W_1 oder aber in irgendeiner W_1 zugänglichen Welt W^* wahr ist, da diese

---

[229] Vgl. HUGHES/CRESSWELL (1968) 77.

[230] Vgl. HUGHES/CRESSWELL (1968) 77.

nach der Transitivitätsforderung von α aus zugänglich ist. Das aber besagt, daß der starke Vorstellbarkeitsbegriff es erlaubt, das möglicherweise Mögliche mit dem Möglichen gleichzusetzen.[231]

Doch noch ein weiterer stärkerer Vorstellbarkeitsbegriff kann nach Hughes und Cresswell zu den beiden genannten hinzukommen. Es ist die *absolute Vorstellbarkeit*, die nach ihrer Ansicht Möglichkeit in S5 angemessen interpretiert. Diese absolute Vorstellbarkeit, die als Äquivalenzrelation eingeführt wird, erlaubt es, das möglicherweise Notwendige mit dem Notwendigen gleichzusetzen. Wenn wir nun in diesem absoluten Sinne behaupten, ein Sachverhalt sei vorstellbar, dann behaupten wir nach Hughes und Cresswell etwas über diese Welt, ohne auf die Vorstellungskraft zu rekurrieren, die es in anderen Welten gibt. Mit anderen Worten: Jede beliebige Welt W* ist für jede Welt zugänglich, wenn W* überhaupt von einer möglichen Welt vorstellbar ist.[232]

Was ist von einer solchen epistemischen Interpretation der Zugänglichkeitsrelation R zu halten? Können wir im Sinne des starken Denkbarkeitsbegriffs wirklich Auskunft darüber geben, welche Welten sich ein Bewohner einer vorgestellten Welt vorstellen kann? Können wir behaupten, über so etwas wie absolute Vorstellungskraft zu verfügen? Ich denke, nein. Die epistemische Interpretation der Zugänglichkeitsrelation R wie sie von Hughes und Cresswell vorgetragen worden ist, stellt meines Erachtens keine zufriedenstellende informale bzw. angewandtsemantische Deutung von R dar. Die folgenden Beispiele mögen das demonstrieren.

Zunächst ein Beispiel für die Adäquatheit der epistemischen Interpretation von R in S4 als *starke Denkbarkeit*: Angenommen, ein epistemisches Subjekt a stellt sich eine mögliche Welt W* vor, die sich von der wirklichen nur dadurch unterscheidet, daß a darin ein Haar weniger auf dem Kopf hat. Es liegt in diesem Fall nahe anzunehmen, daß sich die Vorstellungskraft von a in W* von der, die a wirklich hat, nicht unterscheidet und daß damit das, was a für möglicherweise denk-möglich hält, mit dem Denk-Möglichen zusammenfällt. Nun ein Beispiel für die Inadäquatheit dieser Interpretation: Nehmen wir an, unser epistemisches Subjekt a, das in der wirklichen Welt α über eine bescheidene Denkfähigkeit verfügt, stellt sich eine mögliche Welt W* vor, in der es über die überdurchschnittliche Denkfähigkeit von z.B. Leibniz verfügt. Kann dann aber das, was für a in W* vorstellbar ist, mit dem gleichgesetzt werden, was sich a in der wirklichen Welt vorzustellen vermag? Offensichtlich nicht. Das Beispiel zeigt, daß das, was a in α für möglich hält, nicht mit dem zusammenfällt, was a in der vorgestellten Welt W* für möglich halten würde.

---

[231] Vgl. HUGHES/CRESSWELL (1968) 78.

[232] Vgl. HUGHES/CRESSWELL (1968) 78.

Skepsis muß wohl auch dem Begriff der *absoluten Vorstellbarkeit* entgegengebracht werden. Nach diesem absoluten Vorstellbarkeitsbegriff dürfen wir das, wovon wir denken, es sei unvorstellbar, daß es falsch ist, wirklich als unvorstellbar falsch betrachten. Für einen mit absoluter Vorstellungskraft begabten Mathematiker würde dann die möglicherweise denk-notwendige Wahrheit z.B. der Goldbach-Konjektur mit ihrer denk-notwendigen Wahrheit zusammenfallen. Unser Mathematiker dürfte dann aber nicht zugleich die Auffassung vertreten, daß er sich vorstellen könne, daß die Goldbach-Konjektur eine denk-notwendige Falschheit sei. Eine solche Auffassung würde ihn in eine Paradoxie bringen. Denn sie würde aufgrund seiner absoluten Vorstellungskraft mit der Auffassung zusammenfallen, daß die Goldbach-Konjektur eine denk-notwendige Falschheit ist, was ihn in Widerspruch zu seiner ersten Auffassung bringen würde. Somit darf unser mit absoluter Vorstellungskraft begabter Mathematiker nicht zugleich behaupten, daß die Goldbach-Konjektur möglicherweise denk-notwendig wahr ist und daß sie möglicherweise denk-notwendig falsch ist, wenn er sich nicht in eine Paradoxie verwickeln möchte. Eine solche Behauptung scheint mir aber, solange die mathematische Forschung darüber nicht entschieden hat, ob die Goldbach-Konjektur wahr ist, die einzig angemessene zu sein.

Meines Erachtens spricht neben der Paradoxie der obigen Sorte, in die uns die absolute Vorstellungskraft geraten läßt, noch ein weiterer Grund für die Inadäquatheit einer epistemischen Deutung von S5: Unser Mathematiker scheint nämlich Unfehlbarkeit für sich zu beanspruchen, wenn er behauptet, daß das, was für ihn möglicherweise denk-notwendig ist, mit dem zusammenfällt, was für ihn denk-notwendig ist.[233]

Die aufgeführten Beispiele zeigen, denke ich, daß eine epistemische Interpretation der Zugänglichkeitsrelation, wie sie Hughes und Cresswell vorgetragen haben, nicht sehr überzeugend ist.[234] Plantingas MOA arbeitet

---

[233] Eine stärkere Version von Unfehlbarkeit, die ontologische Implikationen erlaubt, wird uns in 3.442 begegnen.

[234] Vgl. HUGHES/CRESSWELL (1968) 79. Bemerkenswert ist die Tatsache, daß Hughes und Cresswell in der neuen Fassung ihres Lehrbuchs auf die Interpretation von R als "Vorstellbarkeit" bzw "Denkbarkeit" verzichten. Vgl dazu HUGHES/CRESSWELL (1996) 37: "Sometimes R is called the accessibility-relation, and when wRw', w' is said to be accessible from w, or to be possible relative to w. (In this book we shall sometimes use this terminology, but we shall also, when convenient, carry over a metaphor derived from the modal game and speak of one world being able to see another. The point to be clear about is that, whatever terminology we use, from a formal point of view R is no more than a relation which may or may not hold between any pair of worlds.)" Ich denke, daß dieses Zitat als Hinweis darauf betrachtet werden kann, wie schwierig es ist, eine adäquate informale Interpretation von R vorzulegen. In seiner Kritik an der informalen R-Interpretation von Hughes und Cresswell äußert Hägler ähnliche Bedenken: "Ich fürchte, daß diejenigen, die solche Illustrationen

jedoch nicht mit epistemischer Möglichkeit, sondern mit metaphysischer Möglichkeit und ist daher nicht direkt von den vorgebrachten Einwänden betroffen. Denk-Möglichkeit aber wird auf andere Weise für das MOA relevant; nämlich dann, wenn der Adressat des MOA als epistemisches Subjekt die Bewertung seiner Prämissen vornehmen muß. Das ist im folgenden weiter auszuführen.

3.44   Das Stichhaltigkeitsdilemma

In diesem Abschnitt werde ich dafür argumentieren, daß Plantingas MOA nicht stichhaltig werden kann. Grundlegend für mein epistemisches Argument ist der im vorangegangenen Abschnitt eingeführte *Unterschied* zwischen Denk-Möglichkeit und Real-Möglichkeit. Aus 2.21 wissen wir, daß Plantinga auf diesen Unterschied Wert legt, da er Möglichkeit im weiten logischen Sinn, und das ist Real-Möglichkeit, gegen epistemische Begriffe wie Selbstevidenz oder Apriorizität, die ebenso wie der Begriff der Denk-Möglichkeit ein epistemisches Subjekt verlangen, abgrenzt.[235] So schreibt Plantinga im Zusammenhang mit seiner Erörterung des Unterschieds zwischen Notwendigkeit und Apriorizität:

---

anbieten, nicht gern beim Wort genommen werden wollen. Die Rede von Denkbarkeit und Vorstellbarkeit ist ja selbst mit modaler Begrifflichkeit befrachtet und darüber hinaus von kaum zu überbietender Vagheit. Selbst in unseren kühnsten Phantasien werden wir wohl nur eine sehr bescheidene Teilmenge aus der Totalität möglicher Welten erreichen, wobei kaum auszudenken ist, welche Welten sich fremde Wesen - Bewohner anderer Welten - vorstellen können. Andererseits ist auch nicht auszuschließen, daß einige der imaginierbaren Welten nicht einmal zur Menge K gehören - z.B. Welten, in denen es Zeitmaschinen gibt oder Gebäude, wie sie Escher zeichnete. Daß sich ein Bewohner von w_i eine Welt w_j vorstellen kann, macht sie also noch nicht zu einer möglichen Welt, wenn Konsistenz eine Minimalbedingung für mögliche Welten ist. Da unsere Phantasie im Prinzip ebenso unbegrenzt wie faktisch endlich ist, und unser Denken nicht immer frei von Widersprüchen gehalten werden kann, liefern Vorstellbarkeit und Denkbarkeit nicht gerade ein[e] solides Fundament für die Semantik möglicher Welten." HÄGLER (1994) 88-9.

[235]   In bezug auf Notwendigkeit im weiten logischen Sinn schreibt PLANTINGA (1974) 8-9: "Unrevisibility, self-evidence, and a priori knowledge are difficult notions; but conceding that we do have a grasp - one that is perhaps halting and infirm - of these notions, we must also concede that the notion of necessary truth coincides with none of them."

"We differ widely in our ability to apprehend necessary truths; and *no doubt some are beyond the grasp of even the best of us.*"[236]

Ich interpretiere dieses Zitat im Sinne von "Wenn nicht einmal die Verständigsten in der Lage sind, die betreffende notwendige Wahrheit gedanklich zu erfassen, dann sind es auch jene nicht, die nicht so gut wie diese sind, und folglich ist niemand dazu fähig". Das Zitat legt es nahe anzunehmen, daß es notwendigerweise wahre Propositionen gibt, die uns epistemisch unzugänglich sind. Wenn wir diese Beobachtung auf das MOA übertragen, können wir nach Plantinga offenbar behaupten, daß die Konklusion des MOA, die die Exemplifikation unüberbietbarer Größe in allen möglichen Welten behauptet, auch dann notwendigerweise wahr ist, wenn die meisten von uns, vielleicht alle bis auf Plantinga, ja wenn sogar niemand der Überzeugung ist, daß sie wahr ist.

Die Behauptung, daß es real-notwendige Wahrheiten gibt, die uns epistemisch unzugänglich sind, impliziert die Annahme, daß das epistemisch Mögliche eine echte Teilmenge des metaphysisch Möglichen bildet und somit nicht identisch mit ihr ist. Diese Behauptung hat meines Erachtens Folgen für die Bewertbarkeit der Hauptprämisse[237] des MOA und damit für die Stichhaltigkeit des Arguments insgesamt. Sie führt die Adressaten des Arguments in das folgende *Stichhaltigkeitsdilemma*:

Entweder bleibt der Wahrheitswert der Hauptprämisse bei unseren normalen kognitiven Fähigkeiten unsicher und das MOA wird nicht stichhaltig, oder wir kommen in die Lage, die Hauptprämisse ohne Unsicherheit mit "wahr" zu bewerten und das MOA wird stichhaltig; dann aber müßten wir behaupten, unfehlbar zu sein.

Das möchte ich in den folgenden Teilabschnitten über die beiden Hörner dieses Dilemmas zeigen.

---

[236] PLANTINGA (1974) 7; die Hervorhebung stammt von mir.

[237] Mit "Hauptprämisse" ist, wie schon an früherer Stelle, [1*] MLq gemeint, also eine Einsetzungsinstanz von [1] Mp, die die Annahme der Prämisse [2] $L(p \equiv Lq)$ ermöglicht. Zur Kritik an [2] siehe 3.414.

3.441 Skylla

Mein Argument[238] baut auf den folgenden Prämissen auf:

(26) Die Menge aller denk-möglichen Welten (d.h. die Menge der Welten, die einem Subjekt epistemisch zugänglich ist) ist eine echte Teilmenge der Menge aller real-möglichen Welten (d.h. der Menge der Welten, die im logisch weiten Sinn möglich sind).

Ich denke, daß die Annahme, daß Plantinga (26) vertritt, von dem obigen Zitat, in dem er sich dafür ausspricht, daß es notwendige Wahrheiten gibt, die niemandem gedanklich zugänglich sind, gestützt wird.[239] Die übrigen wie ich annehmen möchte eher unkontroversen Prämissen meines Argumentes lauten:

---

[238] Ohne ein solches epistemisches Argument zu formulieren, deutet Richard Gale die Möglichkeit der Konstruktion epistemischer Einwände offenbar an: "There are problems with the S5 doctrine that every world is accessible to every other one, especially in regard to indexical propositions and the epistemological grounds on which a person can determine the truth-values of propositions in other worlds, but we will let them pass since they don't directly concern the issue under consideration." GALE (1991) 226-7. Gale bringt leider keine weiterführenden Literaturhinweise. Mir selbst sind epistemische Einwände gegen modale ontologische Argumente, die Skylla ähneln würden, aus der Literatur nicht bekannt. Zu dem Charakter dieses Arguments siehe auch Anm. 240.

[239] Eine ähnliche Auffassung scheint z.B. Lenzen zu vertreten, wenn er schreibt: "Es passiert alle Tage wieder, daß jemand zu seiner Überraschung feststellen muß, daß etwas, was er nicht für möglich hielt, dennoch eintrat und deshalb möglich war" (LENZEN (1980) 20) oder feststellt: "Was epistemisch möglich ist, ist bestenfalls eine Teilmenge (und, falls ja, dann in der Regel eine echte Teilmenge) dessen, was analytisch bzw. was logisch möglich ist" (LENZEN (1980) 24), wobei bei Lenzen das analytisch Mögliche anders als bei Plantinga, der es unter das metaphysisch bzw. im weiten logischen Sinn Mögliche subsummiert, offenbar mit dem logisch Möglichen zusammenfällt. Auch Hägler teilt diese Ansicht: "Selbst in unseren kühnsten Phantasien werden wir wohl nur eine sehr bescheidene Teilmenge aus der Totalität möglicher Welten erreichen". Vgl. dazu Anm. 234.

Gegen die Annahme von (26) könnte z.B. der Einwand erhoben werden, daß es im Sinne von bildlicher Vorstellbarkeit denk-mögliche Welten gibt, die real-unmöglich sind wie etwa Welten, in denen es ewig aufsteigende Treppen gibt wie sie Escher gezeichnet hat. Vgl. dazu HÄGLER (1994) 89 und eingehender TIDMAN (1994) 300. Im folgenden werde ich mich nicht weiter um eine quantitative Verhältnisbestimmung von Denk-Möglichem zu Real-Möglichem bemühen, sondern die diesbezüglichen Annahmen Plantingas einfach hinnehmen und auf dieser Basis gegen die Annehmbarkeit der Hauptprämisse [1*] argumentieren.

(27) Das MOA ist nur dann stichhaltig (sound), wenn es gültig (valid) ist und wenn seine Prämissen (ohne Unsicherheit) als wahr angenommen werden.

(28) Eine Bewertung von Prämissen kann nur von epistemischen Subjekten vorgenommen werden.

(29) Ein Subjekt kann eine Prämisse nur dann ohne Unsicherheit als wahr bzw. falsch akzeptieren, wenn sie ihm epistemisch zugänglich (d.h. denk-möglich) ist.

(30) Wenn eine Prämisse einem Subjekt epistemisch nicht zugänglich ist, dann ist die Bewertung der Prämisse unsicher.

(31) Die Hauptprämisse des MOA [1*] MLq fordert, daß das epistemische Subjekt eine Proposition, die in einer Welt W, die relativ zur wirklichen Welt α real-möglich ist, als wahr in allen Welten akzeptiert, die real-möglich sind relativ zu W (und damit auch zu α).

Das Argument läuft nun folgendermaßen: Aus (31) und (26), wonach die Menge der epistemisch zugänglichen Welten lediglich eine echte Teilmenge aller real-möglichen Welten darstellt, folgt:

(32) Die Hauptprämisse fordert von einem Subjekt die Bewertung einer Proposition (auch) in real-möglichen Welten, die dem Subjekt epistemisch nicht zugänglich sind.

Aus (32) und (30) folgt:

(33) Die Bewertung der Hauptprämisse ist unsicher.

Aus (33) und (27) folgt schließlich:

(34) Das MOA ist für das epistemische Subjekt nicht stichhaltig.

Die für das erste Horn des Dilemmas geführte Argumentation läßt sich an der folgenden *S5-Modellstruktur* illustrieren:

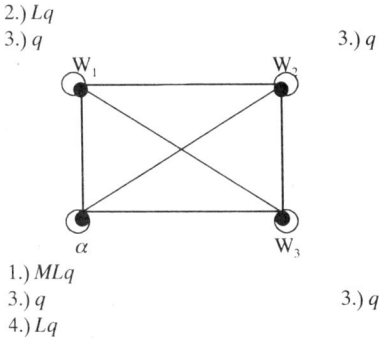

2.) Lq
3.) q 3.) q

W_1 ———————— W_2

α ——————— W_3

1.) MLq
3.) q 3.) q
4.) Lq

Diese Modellstruktur besteht aus vier Welten, aus der wirklichen Welt α sowie aus drei bloß möglichen Welten W_1, W_2 und W_3. Bei diesen Welten handelt es sich um die Menge aller möglichen Welten. Sie sind in S5 aufgrund der Äquivalenzrelation, die zwischen den Welten besteht, alle füreinander real-möglich bzw. metaphysisch zugänglich. Das hat zur Folge, daß die Proposition q, deren mögliche Notwendigkeit in der Hauptprämisse des MOA [1*] MLq behauptet wird, in allen möglichen Welten wahr und somit eine notwendige Wahrheit ist. Um das zu sehen, braucht man nur die Schritte 1.) bis 4.) im obigen Diagramm, in derselben Weise wie wir es in 3.422 getan haben, nachzu-vollziehen.

Diese metaphysische Interpretation des MOA kommt, wie bereits erwähnt, ohne jedes epistemische Subjekt aus, und das bedeutet ja, daß q auch dann eine notwendige Wahrheit in α bleibt, wenn ein Subjekt a keinen epistemischen Zugang zu allen möglichen Welten hat. Einen solchen kann es aber, wenn (26) wahr ist, auch nicht haben. Sei W_3 eine real-mögliche Welt, die weder a noch einem anderen Subjekt epistemisch zugänglich ist. Da nun niemand einen epistemischen Zugang zu W_3 hat, kann auch niemand in der Lage sein, den Wahrheitswert von q in W_3 zu bestimmen. Aufgrund von (30) kann kein Subjekt ohne Unsicherheit den Wahrheitswert der Hauptprämisse MLq bestimmen, da niemandem alle real-möglichen Welten - und von diesen ist darin die Rede - epistemisch zugänglich sind. Alle Subjekte müssen nach (26) deshalb damit rechnen, daß maximale Vortrefflichkeit vielleicht nur in den möglichen Welten exemplifiziert ist, die uns epistemisch zugänglich sind, und nicht in solchen wie etwa W_3, zu denen wir keinen epistemischen Zugang haben. Eine Bewertung der Hauptprämisse mit "wahr" muß deshalb von vornherein unsicher bleiben, und das MOA kann, wenn (27) wahr ist, nicht stichhaltig werden.[240]

---

[240] Skylla basiert auf Plantingas Annahme, daß es metaphysisch mögliche Welten gibt, die uns epistemisch unzugänglich sind. Ich stelle damit nicht die grundsätzlichere Frage, ob abstrakte Entitäten wie mögliche Welten überhaupt epistemischen Zugang gewähren können.

3.442 Charybdis

Nehmen wir nach dieser Illustration unseren Argumentationsfaden wieder auf und beginnen, mit der folgenden Frage für das zweite Horn des Dilemmas zu argumentieren: Gibt es eine Möglichkeit, das MOA als stichhaltig zu betrachten? Ja. Eine Möglichkeit besteht darin, die Wahrheit von (26) zu leugnen und statt dessen zu behaupten, daß folgende Aussage wahr ist:

> (26') Die Menge aller denk-möglichen Welten (d.h. die Menge der Welten, die einem Subjekt epistemisch zugänglich ist) ist identisch mit der Menge aller real-möglichen Welten (d.h. der Menge der Welten, die im logisch weiten Sinn möglich sind).

Doch diese Gleichsetzung führt zu einer absurden Konsequenz. Das möchte ich im folgenden zu zeigen versuchen. Seiner eigenen Auffassung offenbar widersprechend, der zufolge es notwendige Wahrheiten geben kann, die niemandem epistemisch zugänglich sind (siehe (26)), scheint Plantinga die Wahrheit von (26') zu behaupten, wenn er im Rahmen seiner Interpretation des ontologischen Arguments von Anselm in bezug auf die Beziehung des epistemologischen Begriffs der Denk-Möglichkeit zum metaphysischen Begriff der Real-Möglichkeit feststellt:

> "And when he [Anselm; B.W.] says that a certain state of affairs is *conceivable* he means to say (or so, at any rate I shall take him) that it is a logically possible state of affairs - possible in our broadly logical sense. So, for example, step
>
> [[i]   God's existence in reality is conceivable; B.W.]
>
> is more clearly put as
>
> [i'] It is possible that God exists in reality."[241]

Die Kritik von Berfürwortern einer kausalen Theorie der Erkenntnis, die dem Nominalismus zugeneigt sind, würde sicherlich schon bei dieser Frage ansetzen. Eine solche Position ist aber keineswegs leicht zu halten. Eine eingehende Diskussion dieser Frage findet sich in BURGESS/ROSEN (1997) 26-60. Vgl. dazu auch die Diskussion in LEWIS (1986) 108-15.

[241]   PLANTINGA (1974) 199.

Es ist fraglich, wie der Ausdruck *'is more clearly put as'*, der das Verhältnis von [i] und [i'] bestimmt, zu verstehen ist. Meines Erachtens gibt es Gründe, die dafür sprechen, daß 'is more clearly put as' eine Äquivalenzbeziehung zwischen [i] und [i'] zum Ausdruck bringt: Einerseits ist dieser Ausdruck stärker als eine Implikation von [i] nach [i'], die im Englischen z.B. durch 'from [i] it follows that [i']' oder '[i] implies [i']' ausgedrückt werden würde. Andererseits legt 'is more clearly put as' eine Lesart von [i'] nach [i] im Sinne von '[i'] is (less clearly) put as [i]' nahe. Beides spricht, denke ich, dafür, den fraglichen Ausdruck logisch als *Äquivalenzbeziehung zu interpretieren.*[242] Die Gleichsetzung von Denk-Möglichkeit mit Real-Möglichkeit im obigen Zitat dürfte auf den Leser von "The Nature of Necessity" aus mindestens zwei Gründen verwirrend wirken: Zum einen verwehrt sich Plantinga im ersten Kapitel seines Buches - im Sinne von (26) -gegen eine Gleichsetzung des metaphysischen Begriffs der Notwendigkeit im weiten logischen Sinn mit epistemischen Begriffen wie Selbstevidenz oder Apriorizität.[243] Zum anderen befindet sich die zitierte Passage nur einige Seiten vor der Formulierung des MOA. Das Vorausgehen dieser Passage dürfte beim Leser den Eindruck erwecken, man könne die Unüberbietbarkeits-Prämisse [1], die von einer Real-Möglichkeit handelt, ebenso wie [i'] als Proposition verstehen, die auf eine Denk-Möglichkeit abzielt. Es ist vermutlich diese Interpretations-möglichkeit, die [1] auf den ersten Blick so harmlos und akzeptabel erscheinen läßt.

Im folgenden möchte ich zeigen, daß diese Gleichsetzung, die Plantinga in seiner Anselminterpretation vornimmt, zur absurden Konsequenz der Unfehlbarkeit des Adressaten des MOA führt. Dem Argument möchte ich den folgenden Hinweis vorausschicken: Es ist wichtig, daß wir uns daran erinnern, daß Plantinga die *Modallogik S5* als angemesses System für das Argumentieren mit "broadly logical possibility" betrachtet, das, wie wir aus 3.422 wissen, unentbehrlich für die Gültigkeit des MOA ist. Wenn Plantinga nun, wie wir oben gesehen haben, logische Möglichkeit im weiten Sinn mit "conceivability" gleichsetzt, dann impliziert das, daß S5 die korrekte Logik für den epistemischen

---

[242] Prof. Plantinga hat mir die Angemessenheit dieser Interpretation am 29. Mai 1998 in München mündlich bestätigt. MARCUS (1993) 175 interpretiert den Ausdruck 'is more clearly put as' ebenfalls als Gleichsetzung. Sie schreibt in bezug auf die zitierte Passage: "On the most common and plausible use of such epistemological concepts as 'conceivable', there is no justification for the identification."

[243] Vgl. PLANTINGA (1974) 4: "Broadly logical necessity ... must be distinguished from unrevisability as well as from causal necessity and logical necessity strictly so called. It must also be distinguished from the *self-evident* and the *a priori*. The latter two are epistemological categories".

Begriff der Denkbarkeit ist. In meinen Argument arbeite ich deshalb mit einer epistemologisierten Fassung von S5.

Kurz zur *Vorgehensweise*: Das Argument besteht aus drei Schritten. Im ersten Schritt werde ich das MOA epistemologisieren, um das epistemische Pendant zur Konklusion des MOA zu erhalten. Im zweiten Schritt werde ich die im letzten Absatz erhobene Äquivalenzbeziehung zwischen Denk-Möglichkeit und Real-Möglichkeit formalisieren und im Rahmen des epistemologisierten S5 transformieren. Im dritten Schritt schließlich wird sich zeigen, daß durch die Anwendung des Modus Ponens auf die im ersten Schritt gewonnene Konklusion und auf das Transformationsergebnis des zweiten Schrittes eine absurde Konsequenz abgeleitet werden kann.

Schritt 1: Epistemologisierung des MOA.

Ich führe zunächst die epistemisch-logischen Operatoren D und Ü ein:[244]

D(a, α) das epistemische Subjekt a hält es für denkbar, daß α

Ü(a, α) das epistemische Subjekt a ist davon überzeugt, daß α.[245]

Nun setze ich in unsere Kurzversion des MOA aus 3.422:

(35) MLq
(36) $MLq \supset Lq$
(37) Lq [(35), (36) X MP]

an Stelle der metaphysisch-logischen Operatoren M und L die obigen epistemischen Operatoren D und Ü ein und erhalte in einer epistemischen Fassung von S5 die folgende Ableitung:

(35') D(a, Ü(a, q))
(36') D(a, Ü(a, q)) $\supset$ Ü(a, q)
(37') Ü(a, q). [(35'), (36') X MP]

Das bedeutet: Wenn ich es für denkbar halte, daß ich überzeugt bin, daß

---

[244] In dieser epistemologisierten Fassung von S5 verwende ich weitestgehend die Symbolik des Überzeugungskalküls *Ü* von Wolfgang Lenzen. Vgl. LENZEN (1980) 342. Um eine Verwechslung mit unserem Symbol für den Möglichkeitsoperator *M* zu vermeiden, benutze ich jedoch statt Lenzens Operator M, der für 'Für-möglich-halten' bzw. für 'Für-denkbar-halten' steht, das Symbol 'D'.

[245] Vgl. LENZEN (1980) 340-1.

maximale Vortrefflichkeit exemplifiziert ist, dann kann ich aufgrund von (36')
darauf schließen, daß ich überzeugt bin, daß maximale Vortrefflichkeit
exemplifiziert ist. Auf die Konklusion (37') werden wir im dritten Schritt unseres
Arguments zurückgreifen. Bevor wir zum zweiten Schritt übergehen, wollen wir
(36') in unserer Ableitung im epistemologischen S5 im Zusammenhang mit dem
folgenden Axiom des Überzeugungskalküls $\ddot{U}$ von Wolfgang Lenzen betrachten:

$$(36'')\ \mathrm{D}(a, \ddot{\mathrm{U}}(a, \alpha)) \supset \ddot{\mathrm{U}}(a, \alpha).^{246}$$

Diese Betrachtung soll uns vor Augen führen, wie stark (36') vor dem
Hintergrund von (36") ist. (36") ist semantisch nicht identisch mit (36'), da der
Denkbarkeitsbegriff von (36") schwächer ist als der von (36').[247] Überzeugtsein
von der Wahrheit einer Proposition im Sinne von (36") impliziert lediglich die
Denk-Möglichkeit der Wahrheit dieser Proposition. Überzeugtsein von der
Wahrheit einer Proposition im Sinne von (36') impliziert hingegen ihre Wahrheit.
Ich denke, daß bereits (36"), das schwächer ist als (36') bzw. (36), intuitiv sehr
undurchsichtig ist. Lenzen bemerkt in bezug auf (36"), daß dieses Prinzip "nicht
die gleiche intuitive Plausibilität für sich beanspruchen kann wie" das Axiom:

$$\ddot{U}4 \quad \mathrm{D}(a, \alpha) \supset \ddot{\mathrm{U}}(a, \mathrm{D}(a, \alpha)).$$

Doch folge daraus nicht, so Lenzen weiter, daß (36") inadäquat wäre, "sondern
nur, daß unsere Sprachkompetenz nicht ausreicht, über ... 'für möglich halten, daß
man überzeugt ist', ein verläßliches Urteil abzugeben."[248] Für Lenzen ist (36") als
logische Konsequenz von $\ddot{U}4$ jedoch genauso akzeptierbar wie $\ddot{U}4$ selbst.[249] Daß
(36") in $\ddot{U}$ beweisbar ist, läßt sich wie folgt zeigen:

---

[246] Vgl. LENZEN (1980) 29.

[247] Unsere epistemologisierte Fassung von S5 ist nicht identisch mit Lenzens Kalkül $\ddot{U}$,
da $\ddot{U}$ in dem Axiom $\ddot{U}3$ $\ddot{\mathrm{U}}(a, \alpha) \supset \mathrm{D}(a, \alpha)$ von der entsprechenden These des Systems S5,
nämlich $\mathrm{M}\,L\alpha \supset \alpha$, abweicht. Vgl. LENZEN (1980) 142.

[248] LENZEN (1980) 29.

[249] Vgl. LENZEN (1980) 29.

Ü4 $D(a, \alpha) \supset \ddot{U}(a, D(a, \alpha))$

(38) $\quad D(a, \sim\alpha) \supset \ddot{U}(a, D(a, \sim\alpha)) \qquad [\sim\alpha / \alpha]$

(39) $\quad \sim\ddot{U}(a, \alpha) \supset \sim D(a, \ddot{U}(a, \alpha)) \qquad [(38) \text{ X } \sim D(a, \sim\alpha) \equiv \ddot{U}(a, \alpha)^{250}]$

(36") $D(a, \ddot{U}(a, \alpha)) \supset \ddot{U}(a, \alpha) \qquad [(39) \text{ X Transp.}] \quad$ Q.E.D.

Doch stellt diese syntaktische Operation meines Erachtens keinen hinreichenden Grund für die Akzeptanz von (36") dar. Aufgrund der oben genannten intuitiven Unbestimmtheit von (36") halte ich es für angemessener, die Annahme dieses Prinzips abzulehnen. (36'), das - wie gesagt - noch stärker ist als (36"), verdient umso weniger, akzeptiert zu werden. Kommen wir nach dieser Demonstration der Stärke des Denkbarkeitsbegriffs des epistemologisierten S5 zurück zu unserer Argumentation gegen Plantingas Gleichsetzung von 'conceivable' mit 'possible'.

Schritt 2: Transformation der Äquivalenz zwischen Denk-Möglichkeit und Real-Möglichkeit in die Äquivalenz von Überzeugtsein mit Real-Notwendigkeit.

Ich interpretiere die Gleichsetzung von 'conceivable' mit 'possible' im Sinne der Äquivalenz:

(40) $\quad D(a, \alpha) \equiv M\alpha.^{251}$

Analog zu (40) übersetze ich nach Plantingas Vorbild [1] in [1']:

[1] There is a possible world in which unsurpassable greatness is exemplified

"is more clearly put as"

[1'] *a* hält es für denkbar, daß unüberbietbare Größe exemplifiziert ist.

Aus (40) läßt sich aufgrund der beiden Gesetze $\sim M\sim\alpha \equiv L\alpha$ (LMI) und des Gesetzes $\sim D(a, \sim\alpha) \equiv \ddot{U}(a, \alpha)$, das in der obigen Ableitung von (36") aus **Ü4** bereits Verwendung gefunden hat, die Implikation $\ddot{U}(a, \alpha) \supset L\alpha$ ableiten:

---

250 Vgl. LENZEN (1980) 16.

251 Beispiele für eine solche gemischte Notation finden sich in LENZEN (1980) 20-1.

(40) $M\alpha \equiv D(a, \alpha)$

(41) $M\alpha \supset D(a, \alpha)$ [(40) X PC]

(42) $M\sim\alpha \supset D(a, \sim\alpha)$ [$\sim\alpha / \alpha$]

(43) $\sim L\alpha \supset \sim\ddot{U}(a, \alpha)$ [(42) X LMI und $\sim D(a, \sim\alpha) \equiv \ddot{U}(a, \alpha)$]

(44) $\ddot{U}(a, \alpha) \supset L\alpha$ [(43) X Transp.].

Auf die sichtbar starke Implikation (44) werden wir im dritten und letzten Schritt unseres Arguments zurückgreifen. (Mit entsprechenden Transformationsschritten läßt sich auch die diskussionswürdige Umkehrung von (44):

(44') $L\alpha \supset \ddot{U}(a, \alpha)$

ableiten, wenn wir in Schritt (41) die Implikation in (40) von rechts nach links lesen:

(41') $D(a, \alpha) \supset M\alpha$

(42') $D(a, \sim\alpha) \supset M\sim\alpha$ [$\sim\alpha / \alpha$]

(43') $\sim\ddot{U}(a, \alpha) \supset \sim L\alpha$ [(42') X LMI und $\sim D(a, \sim\alpha) \equiv \ddot{U}(a, \alpha)$]

(44') $L\alpha \supset \ddot{U}(a, \alpha)$ [(43') X Transp.].

Die Konjunktion von (44) und (44') ist logisch äqivalent mit der Äquivalenz:

(44") $\ddot{U}(a, \alpha) \equiv L\alpha$.))

Schritt 3: Ableitung einer absurden Konsequenz.

Nun greifen wir wie angekündigt auf (37') und (44) zurück, setzen für α in (44) *q* ein und erhalten (45):

(37') $\ddot{U}(a, q)$

(44') $\ddot{U}(a, q) \supset Lq$

(45) Lq [(37'), (44') X MP].

Das *starke Unfehlbarkeits-Prinzip* (44'), das den Schluß auf (45) ermöglicht, ist inakzeptabel.[252] Auf diese Weise kann ich von meiner Überzeugung, daß ein maximal vortreffliches Wesen existiert, ebensowenig darauf schließen, daß dieses Wesen tatsächlich und notwendigerweise existiert, wie ich - um auf Plantingas

---

[252] Lenzens "Unfehlbarkeits-Prinzip" hat die Form $\ddot{U}(a, \alpha) \supset \alpha$ und ist somit schwächer als unser (44'). Vgl. LENZEN (1980) 20-1.

eigenes Beispiel zurückzugreifen[253] - von meiner Überzeugung, daß ich ein "fine fellow" bin, darauf schließen kann, daß das tatsächlich und notwendigerweise der Fall ist. Der Grund für dieses Unvermögen liegt in der Tatsache, daß ich nicht unfehlbar auf Notwendigkeit zu schließen vermag. Wir sollten daher von einer Gleichsetzung von Denk- mit Real-Möglichkeit, wie Plantinga sie vornimmt, absehen, da sie unfehlbare Schlüsse auf metaphysische Notwendigkeit erlaubt. Wir sollten deshalb, falls wir den Begriff der metaphysischen Modalität akzeptieren, die kategorische Unterscheidung zwischen dem epistemischen Begriff der Denkbarkeit und dem metaphysischen Begriff der Real-Möglichkeit wahren.[254]

---

[253] Unser Unfehlbarkeits-Schluß, den wir auf der Grundlage der eigenen Annahmen Plantingas formuliert haben, steht im Widerspruch zu seiner eigenen Überzeugung: "I may be unpreparied to give up the belief, that I am a fine fellow in the face of even the most recalcitrant experience; it does not follow either that this belief is necessarily true or that I take it to be so. Nor would the unlikely event of everyone's sharing my truculence make any difference. Just as obviously a proposition might be necessarily true even if most people thought it false or held no opinion whatever on the matter." PLANTINGA (1974) 3-4.

[254] Wenn man den epistemischen Begriff der Denkbarkeit und den metaphysischen Begriff der Möglichkeit so versteht, wie wir sie in 3.43 charakterisiert haben, dann lassen sich bei der Annahme der These, daß der Wahrheitswert einer mathematischen Proposition notwendig ist sowie der These von der Notwendigkeit der Identität z.B. die folgenden zwei *Gegenbeispiele* formulieren, die gegen ihre Gleichsetzung sprechen. Beide Beispiele stammen von Ruth Barcan Marcus. *Erstes* Beispiel: Eine mathematische Proposition ist nach der ersten der beiden oben genannten Thesen, wenn sie wahr ist, notwendigerweise wahr und wenn sie falsch ist, notwendigerweise falsch. Nach Marcus ist es nicht umstritten anzunehmen, daß ein Mathematiker, wenn er vermutet, daß eine mathematische Proposition α (z.B. eine der Hilbertschen Vermutungen) wahr ist, es auch für denkbar hält, daß α wahr ist. Dennoch kann es sich im Gang der mathematischen Forschung herausstellen, daß α falsch ist und damit auch unmöglich. Das *zweite* Beispiel rekurriert auf die These von der Notwendigkeit der Identität, die besagt, daß wenn *x* mit *y* identisch ist, es notwendigerweise der Fall ist, das sie identisch sind. Angenommen, eine Person *a* hält es für denkbar, daß der Abendstern nicht identisch ist mit dem Morgenstern. Nun aber stellt sich aufgrund einer empirischen Entdeckung heraus, daß sie identisch sind. Nach der These von der Notwendigkeit der Identität sind sie dann aber notwendigerweise identisch und deshalb unmöglich nicht identisch. Somit war die Nichtidentität für *a* die Proposition, die die Nichtidentität von Abendstern und Morgenstern ausdrückt, aufgrund mangelnder Information denkbar, obwohl sie unmöglich ist. Vgl. MARCUS (1993) 175 sowie KRIPKE (1980) 102-5. Wie unser Argument, so sprechen auch diese beiden Gegenbeispiele gegen eine Gleichsetzung von Denkbarkeit mit Möglichkeit im Sinne von (40). Der folgenden Auffassung von MARCUS (1993) 174 sollte deshalb zugestimmt werden: "There is no conditional that takes us from what is conceived to what is known or to what exists. There is no argument to warrant the identification of 'conceivable' with 'possible'."

Damit befinden wir uns als Adressaten des MOA hinsichtlich seiner Stichhaltigkeit in dem zu Beginn von 3.44 formulierten Dilemma:

> Entweder bleibt für uns die Hauptprämisse bei unseren normalen kognitiven Fähigkeiten unsicher und das MOA wird nicht stichhaltig, oder wir kommen in die Lage, die Hauptprämisse ohne Unsicherheit mit "wahr" zu bewerten und das MOA wird stichhaltig; dann aber müßten wir unfehlbar sein.

Wir sind aber - ohne jemandem zu nahe treten zu wollen - nicht unfehlbar, folglich ist das MOA nicht stichhaltig. Aber auch, falls ich jemandem zu nahe getreten bin und diese Person - Gott vielleicht - tatsächlich unfehlbar ist, kann sie, wenn unsere Ergebnisse aus 3.414 sowie 3.421 stimmen, die Hauptprämisse des MOA [1*] nicht ohne eine petitio pricipii annehmen. Ich komme zu dem Schluß, daß das MOA als Argument, das mit S5 und Real-Möglichkeit arbeitet, quoad nos nicht stichhaltig werden kann. Es liegt meiner Auffassung nach nahe anzunehmen, daß alle ontologischen Argumente, die mit S5 und metapysischer Möglichkeit arbeiten, dieses Schicksal teilen.

3.5   Zusammenfassung

Alvin Plantingas MOA ist in der Modallogik S5 zwar gültig (3.3), es kann jedoch nicht als ein stichhaltiges Argument für die theistische Grundüberzeugung, daß Gott existiert, betrachtet werden (3.4). Dafür sprechen die folgenden Gründe:

1.   Wenn das in 3.411 eingeführte Unparteilichkeitsprinzip akzeptiert wird, das sowohl die Möglichkeit der Existenz als auch der Nichtexistenz Gottes behauptet und damit eine voreingenommene Haltung zugunsten des apriorischen Theismus beziehungsweise des apriorischen Atheismus verhindert, dann kann (a) die Vortrefflichkeits-Prämisse [2], die für die Stichhaltigkeit des Arguments unverzichtbar ist, nicht ohne eine petitio principii angenommen werden (3.414). Darüberhinaus läßt sich (b) bei der Annahme des Unfehlbarkeitsprinzips und der Annahme von [2] eine Einsetzungsinstanz dieses Prinzips formulieren, die S5-kontradiktorisch ist und uns somit der Möglichkeit beraubt, das System S5, ohne das das MOA logisch ungültig wird (3.422), zu verwenden. Ein gültiges MOA und eine unparteiische Annahme von [2] sind widerspruchsfrei nicht zu haben (3.414).

2.   Die Annahme der Allkompetenz-Prämisse [3] setzt die Akzeptanz zweier versteckter Prämissen voraus. Die erste behauptet die Möglichkeit der Existenz notwendiger konkreter Entitäten, die zweite geht von der Möglichkeit aus, daß es genau ein notwendiges concretum gebe, das allkompetent ist. Beide Enthymeme wirken im Hinblick auf die Modalmetaphysik Plantingas und auf seinen Theismus ad hoc und bedürfen meines Erachtens einer argumentativen Unterstützung. Es ist jedoch schwer zu sehen, wie diese Argumente ohne metaphysische oder theistische ad hoc Annahmen auskommen sollten. Mangels eines Arguments für das zweite Enthymem darf gegen Plantinga zudem der Einwand erhoben werden, daß das MOA, falls es stichhaltig wäre, ein Argument für den Polytheismus darstellen würde (3.415).

3.   Das System S5, in dem die petitiöse Äquivalenz der Hauptprämisse des MOA [1*], die die möglicherweise notwendige Existenz Gottes behauptet, mit der Konklusion dieses Arguments, das seine notwendige Existenz behauptet, formuliert werden kann, erlaubt (a) die Konstruktion eines Gegen-MOA mit dem für die Nichtexistenz Gottes argumentiert werden kann und läßt (b) Ontologisierungen beliebiger notwendiger Entitäten zu, die nur ad hoc scheinen verhindert werden zu können. Nur in S5 aber kann das MOA in der Form, die ihm Plantinga gegeben hat, gültig und

stichhaltig werden. Die Annahme von S5 ist für das MOA somit logisch unverzichtbar, aufgrund ihrer ontologischen Konsequenzen aber auch ontologisch inadäquat (3.423).

4. Ein fundamentaler epistemischer Einwand: Die Bewertung der Prämisse [1] sowie ihrer Einsetzungsinstanz der Hauptprämisse [1*], die die metaphysische Möglichkeit eines unüberbietbaren bzw. maximal vortrefflichen notwendigen Wesens behaupten, stellt den Adressaten des MOA vor das folgende Stichhaltigkeitsdilemma: Entweder bleibt für den Adressaten bei seinen normalen kognitiven Fähigkeiten die Hauptprämisse aufgrund der Annahme Plantingas, daß das Denk-Mögliche einen Ausschnitt des Real-Möglichen darstellt, unsicher, und das MOA wird deshalb nicht stichhaltig, oder die Hauptprämisse wird vom Adressaten ohne Unsicherheit mit "wahr" bewertet, und das MOA wird stichhaltig. In diesem Fall aber muß der Adressat Unfehlbarkeit für sich beanspruchen (3.44).

Literaturverzeichnis

AUDI, R. (ed.): 1995, *The Cambridge Dictionary of Philosophy*, Cambridge University Press, Cambridge.

BURGESS, J. P. / ROSEN, G.: 1997, *A Subject with no Object. Strategies for Nominalistic Interpretation of Mathematics*, Clarendon Press, Oxford.

CHELLAS, B. F.: 1980, *Modal Logic: An Introduction*, Cambridge University Press, Cambridge.

CHANDLER, H. S.: 1976, 'Plantinga and the Contingently Possible', *Analysis* 36, 106-9.

DALFERTH, I. U.: 1992, *Gott: philosophisch-theologische Denkversuche*, Mohr, Tübingen.

FINDLAY, J. N.: 1948, 'Can God's Existence be Disproved?', *Mind* 57, 108-18.

FITCH, G. W. (ed.): 1996, *Possibilism and Actualism*, Philosophical Studies 84, Nos. 2-3, 107-322.

FORBES, G.: 1985, *The Metaphysics of Modality*, Clarendon Press, Oxford.

FORBES, G.: 1995, 'Modal Logic', in AUDI 1995, 499-502.

FREGE, G.: 1994, *Über Sinn und Bedeutung*, in PATZIG, 1994, 40-65.

GALE, R. M.: 1991, *On the Nature and Existence of God*, Cambridge University Press, Cambridge.

GRAYLING, A. C.: 1997, *An Introduction to Philosophical Logic*, third edition, Blackwell Pubilshers, Oxford - Malden, Mass.

HAACK, S.: 1978, *Philosophy of Logics*, Cambridge University Press, Cambridge.

HÄGLER, R.-P.: 1994, *Kritik des neuen Essentialismus*, Ferdinand Schöningh, Paderborn - München - Wien - Zürich.

HARTSHORNE, CH.: 1965, *Anselm's Discovery: A Re-Examination of the Ontological Proof of God's Existence*, Open Court, La Salle, Ill.

HUGHES, G. E. / CRESSWELL, M. J.: 1968, *An Introduction to Modal Logic*, Methuen, London.

HUGHES, G. E. / CRESSWELL, M. J.: 1996, *A New Introduction to Modal Logic*, Routledge, London - New York.

JÄGER, CH. (ed.): 1998, *Analytische Religionsphilosophie*, Schöningh/UTB, Paderborn - München - Wien - Zürich.

KANE, R.: 1984, 'The Modal Ontological Argument', *Mind* 93, 336-50.

KRIPKE, S. A.: 1971, 'Semantical Considerations on Modal Logic', *Acta Philosophica Fennica* 16, 1963, 83-94, reprinted in LINSKY 1971, 63-72.

KRIPKE, S. A.: 1980, *Naming and Necessity*, Basil Blackwell, Oxford.

LEFTOW, B.: 1988, 'Anselmian Polytheism', *Philosophy of Religion* 23, 77-104.

LENZEN, W.: 1980, *Glauben, Wissen und Wahrscheinlichkeit. Systeme der epistemischen Logik*, Springer, Wien - New York.

LEWIS, D. K.: 1986, *On the Plurality of Worlds*, Basil Blackwell, Oxford - New York.

LINSKY, L. (ed.): 1971, *Reference and Modality*, Oxford University Press, Oxford.

LÖFFLER, W.: 1994, 'Modale Versionen des ontologischen Arguments für die Existenz Gottes' in MEGGLE 1994, 906-15.

LOUX, M.J.: 1979a, 'Introduction: Modality and Metaphysics', in LOUX 1979b, 15-64.

LOUX, M. J. (ed.): 1979b, *The Possible and the Actual*, Cornell University Press, Ithaca - London.

MACKIE, J. L.: 1982, *The Miracle of Theism. Arguments for and against the Existence of God*, Clarendon Press, Oxford.

MALCOLM, N.: 1960, 'Anselms Ontological Arguments', *The Philosophical Review* 69, 41-62.

MARCUS, R. BARCAN: 1993, *Modalities. Philosophical Essays*, Oxford University Press, New York - Oxford.

MEGGLE, G. / WESSELS, U. (ed.): 1994, *Αναλυωμεν 1: Proceedings of the First Conference "Perspectives in Analytical Philosophy"*, Walter de Gruyter, Berlin.

MCMICHAEL, A.: 1983, 'A Problem for Actualism about Possible Worlds', *The Philosophical Review* 93, 49-66.

PATZIG, G. (ed.): 1994, *Gottlob Frege. Funktion, Begriff, Bedeutung*, Vandenhoek und Ruprecht, Göttingen.

PLANTINGA, A.: 1974, *The Nature of Necessity*, Clarendon Press, Oxford.

PLANTINGA, A.: 1979a, 'Transworld Identity or Worldbound Individuals?', in Munitz, M. (ed.), 1973, *Logic and Ontology*, New York University Press, New York, reprinted in LOUX 1979b, 146-65.

PLANTINGA, A.: 1979b, 'Actualism and Possible Worlds', *Theoria* 42, 1976, 139-60, reprinted in LOUX 1979b, 253-73.

PLANTINGA, A.: 1979c, 'De Essentia', in SOSA 1979, 101-21.

PLANTINGA, A.: 1985, 'Self-Profile', in TOMBERLIN / VAN INWAGEN 1985, 3-97.

QUINE, W. V. O.: 1980a, *From a Logical Point of View*, second revised edition, Harvard University Press, Cambridge - London.

QUINE, W. V. O.: 1980b, 'Logic and the Reification of Universals', in 1980a, 102-29.

QUINE, W. V. O.: 1980c, 'On What There Is', in QUINE 1980a, 1-19.

QUINE, W. V. O.: 1986, *Philosophy of Logic*, second edition, Harvard University Press, Cambridge - London.

QUINE, W. V. O.: 1995a: *Grundzüge der Logik*, (dt. von Dirk Siefkes) Suhrkamp, Frankfurt am Main.

QUINE, W. V. O.: 1995b: *Unterwegs zur Wahrheit. Konzise Einleitung in die theoretische Philosophie*, (dt. von Michael Gebauer), Schöningh, Paderborn - München - Wien - Zürich.

QUINE, W. V. O.: 1995c, 'Was ich glaube', in QUINE 1995b, 151-61.

QUINN, P. L.: 1982, 'Metaphysical Necessity and Modal Logics', *The Monist* 65, 444-55.

SALMON, N.: 1989, 'The Logic of What Might Have Been', *The Philosophical Review* 98, 3-34.

SENNETT, J. F.: 1991, 'Universe Indexed Properties and the Fate of the Ontological Argument', *Religious Studies* 27, 65-79.

SENNETT, J. F.: 1992, *Modality, Probability, and Rationality: A critical Examination of Alvin Plantinga's Philosophy*, Peter Lang Publishing, New York.

SOSA, E. (ed.): 1979, *Essays on the Philosophy of Roderick M. Chisholm*, Grazer Philosophische Studien 7/8, 1979, Rodopi, Amsterdam.

TIDMAN, P.: 1994, 'Conceivability as a Test for Possibility', *American Philosophical Quarterly* 31, 297-309.

TOMBERLIN, J. E. / VAN INWAGEN, P. (eds.): 1985, *Alvin Plantinga*, D. Reidel Publishing Company, Dordrecht.

VAN INWAGEN, P.: 1977, 'Ontological Arguments', *Nous* 11, 375-95.

Zu dieser Reihe: Die Reihe "Pontes. Philosophisch-theologische Brückenschläge" ist als Forum speziell für junge Autorinnen und Autoren gedacht, die es gegen den theologischen wie philosophischen mainstream der Mühe für wert halten, über theologische Gedanken philosophisch Rechenschaft abzulegen oder umgekehrt der Philosophie durch theologische Überlegungen zu denken zu geben. Aufgenommen werden Staats-, Diplom- und Lizentiatsarbeiten, die viel zu gut sind, um in Schubläden zu verschwinden.

Zu diesem Band: Gegenstand dieser Untersuchung ist Alvin Plantingas vieldiskutierte modallogische Reformulierung des ontologischen Arguments. Im Anschluß an eine kurze Einführung in die Modallogik (Teil 1) und an eine Darstellung der modalen Metaphysik Plantingas (Teil 2) folgt im dritten Teil dieser Arbeit eine eingehende Analyse und Kritik von Plantingas Argument. Das Buch eignet sich gut als Einführung in die Beschäftigung mit modalen ontologischen Argumenten. Es ist die erste größere deutschsprachige Publikation zu dieser Thematik.

LIT   ISBN 3-8258-4412-9